Richard Gutzwiller

Gedanken zur Bergpredigt

Richard Gutzwiller

Gedanken zur Bergpredigt

media
maria

Bibliografische Information: Deutsche Nationalbibliothek.
Die Deutsche Nationalbibliothek verzeichnet diese Publikation in der Deutschen Nationalbibliografie; detaillierte bibliografische Daten sind im Internet über http://dnb.ddb.de abrufbar.

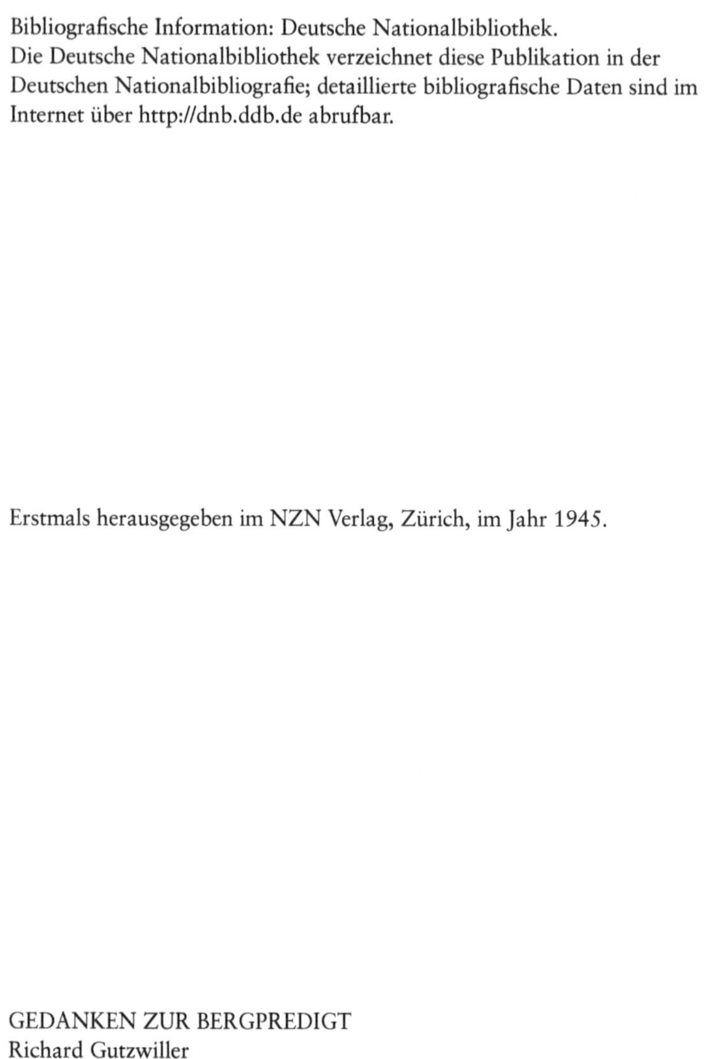

Erstmals herausgegeben im NZN Verlag, Zürich, im Jahr 1945.

GEDANKEN ZUR BERGPREDIGT
Richard Gutzwiller
Media Maria Verlag, 3. Auflage 2022

ISBN 978-3-9454018-5-9

www.media-maria.de

Inhalt

II. TEIL

Einführung

Vom Lesen des Evangeliums

1. Die Bibel ist ein seltsames Buch oder, genauer, eine ganze Sammlung von Büchern. Millionen haben sich darüber gebeugt: die einen, um darin das Wort Gottes zu vernehmen und religiöse Hilfe, Richtlinien für die Gestaltung des Lebens, Trost in schweren Stunden, aufrüttelnde Mahnung im Versagen, Hinweis auf die Ewigkeit im Ablauf der Zeiten zu finden. Andere haben mit gerunzelter Stirn und mit kritischem Blick in der Schrift geblättert mit dem Versuch, das Menschliche vom Göttlichen, das Falsche vom Wahren, das Zeitgebundene vom Ewigen zu scheiden. Aber vor lauter Rationalismus und Kritiksucht sind sie schließlich an der Schale haften geblieben, bis sie den Kern nicht mehr gesehen haben. Ihre tausend Fragezeichen haben ihnen den Blick verdunkelt. Ihr Rationalismus hat dem Glauben den Weg versperrt, bis sie überhaupt nur noch Menschliches, Allzumenschliches in der Bibel gefunden haben. Wieder andere haben höhnisch zum Buch der Bücher gegriffen, nur mit der Absicht, darin Waffen gegen den Glauben zu finden, Material für ihren Spott, Angriffsflächen ihrer gläubigen Gegner. Aber auch die ernste, sachliche Wissenschaft hat sich mit der Heiligen Schrift befasst. Die Naturwissenschaft hat die zeitgebundene und menschlich falsche Perspektive des biblischen Weltbildes feststellen wollen. Man hat mit Berufung auf die Wissenschaft den Schöpfungsbericht nicht gelten lassen, die Sintflut geleugnet, die Schilderung von

Naturkatastrophen und die Art des angedrohten Weltunterganges als falsch hingestellt. Man hat dabei zu wenig bedacht, dass die Bibel kein Lehrbuch der Naturwissenschaft ist, sondern in den menschlichen Kategorien des Denkens und menschlichen Formulierungen des Wortes die religiöse Wahrheit verkünden will, hinter allem und über allem stehe Gott als Schöpfer und Herr der Welt. Historiker haben die Ergebnisse profaner Geschichtswissenschaft mit Geschichtsdarstellungen der Bibel verglichen und Verzeichnungen, Entstellungen und Lücken nachzuweisen versucht. Sie haben nicht beachtet, dass die Bibel kein profanes Geschichtswerk sein will, sondern dass sie die Heilsgeschichte verkündet, in welcher die geschichtlichen Erscheinungen von Völkern, Königen, Schlachten und Kriegen, Siegen und Niederlagen völlig anders gewertet sind und in völlig anderem Zusammenhang gesehen werden, als der Historiker es gewohnt ist. In der Heilsgeschichte hat die Profangeschichte Raum und Recht, aber sie bietet nur das Material, um auf das Wirken Gottes im Geschehen und damit im Schicksal von Menschen und Völkern hinzuweisen. Philologen und Literaturkritiker haben ihren Maßstab an die Bibel gelegt, ihre hebräische, aramäische und griechische Sprache untersucht, die Einflüsse ägyptischer, babylonischer, assyrischer Schriften feststellen wollen, Echtheit oder Unechtheit, künstlerischen Wert oder Unwert, literarische Form der Darstellung ihrer Kritik unterworfen. Sie haben dabei zu wenig beachtet, dass es der Bibel mehr um den Inhalt als um die Form geht und dass sie die verschiedenartigsten Formen wählt, um den göttlichen Inhalt aufscheinen zu lassen. Neben der künstlerischen Form der Psalmen, des Hohen Liedes, der Spruchweisheit, des Buches Ijob, der johanneischen Mystik und der paulinischen Dialektik stehen unkünstlerische Erzählungen der Alltagssprache. Neben der unvergleichlichen Schönheit neutestamentlicher Gleichnisse finden sich trockene Aufzeichnungen alter Chronisten und dürre Bestimmungen gesetzlicher Vorschriften. Aber durch die Unbeholfenheit und das Stammeln menschlicher Formen und Formeln strahlt bald leuchtend, bald dürftig schimmernd, doch immer das Licht des Gottesgeistes, das sich dem verschließt, der in seiner Verblendung nur auf Buchstaben und Worte starrt, bis sich ihm der Geist verbirgt, der dem Wortklauber und Buchstabenreiter unzugänglich ist, weil er auf das Wogen des Weltmeeres nicht zu achten imstande ist, sondern nur die chemische Analyse des salzigen Wassers vornimmt.

Juristen haben die Thora studiert und bei Paulus die Anfänge einer neuen Gesetzlichkeit finden wollen. Sie haben damit den Kodex Hammurapi (babylonische Sammlung von Rechtssprüchen aus dem 18. Jahrhundert v. Chr., Anm. d. Verl.) verglichen oder die Gesetzgebung Solons (athenischer Staatsmann, geb. um 460 v. Chr., Anm. d. Verl.) oder gar die Gesetzeswerke moderner Staaten. So sind sie zum Urteil gekommen, dass zwar die biblischen Gesetze mancherlei Weisheit und wertvolle Erkenntnisse enthalten, aber doch noch primitiv seien im Vergleich zu den Rechtsordnungen moderner Völker. Sie haben zu ausschließlich nur durch die Juristenbrille gelesen, anstatt zu bedenken, dass auch in der stählernen Formulierung gesetzlicher Bestimmungen der Geist Gottes weht und dass es auch hier darum geht, hinter der Form nicht so sehr das staatliche und religiöse Gesetz zu finden, sondern den Geist, aus dem heraus dieses Gesetz erlassen ist, die Zucht, durch die der Mensch und das Volk vor dem sittlichen Verfall geschützt und für den Empfang des Gotteswortes und Gotteswirkens bereitet werden soll.

Philosophen haben die Bibel studiert und sie mit dem Ideenflug Platons, mit der Systematik eines Aristoteles, mit der Ethik der Stoa verglichen, um schließlich den menschlichen Denkern den Vorzug zu geben vor den unmetaphysischen Schriften der

Israeliten. Pascal hat ihnen ins Stammbuch geschrieben, dass es sich in der Bibel nicht um den Gott der Weisen und der Philosophen handle, sondern um den lebendigen Gott Abrahams, Isaaks und Jakobs und dass infolgedessen in der Bibel nicht in erster Linie der Niederschlag menschlicher Ideen und Systeme zu suchen ist, sondern das Wort Gottes, vor dem nach dem Wort des Apostels Paulus die Weisheit dieser Welt zur Torheit wird.

Theologen haben die Schrift von vorn bis hinten und von hinten bis vorn durchgearbeitet und große Erkenntnis daraus gewonnen. Aber sie haben bisweilen zu wenig auf die lebendige Frömmigkeit, auf das eigentlich Religiöse geachtet und zu sehr nur das Ideenmäßige herausgearbeitet. Wenn man heute die gewaltige Arbeit der wissenschaftlichen Auseinandersetzung um die Bibel einigermaßen überblickt, findet man als Ergebnis, dass die Wissenschaften uns zum Verständnis der Bibel viel wertvolles Material geliefert und viele brauchbare Hinweise gegeben haben. Wir lesen und beurteilen heute manches anders, haben das Zeitgebundene vom Überzeitlichen, das Formale vom Inhalt schärfer zu scheiden gelernt und auf diese Weise eine Vertiefung der Bibelkenntnis gewonnen. Aber der tiefste Gehalt des Gotteswortes ist dem Glauben vorbehalten und es kann oft der schlichte Gläubige, der betend und vom Heiligen Geist erleuchtet die Schrift liest, mehr darin finden als der Wissenschaftler, der vor lauter Kritik das Entscheidende, das sich unter der Oberfläche verbirgt, nicht mehr richtig sieht. Das Ideal bleibt immer die Verbindung von Wissen und Glauben, von Forscherarbeit und schlichter Lektüre, von Denken und Beten. Die Zusammenarbeit ernster sachlicher Wissenschaft einerseits und gläubigen Betens andererseits wird zur richtigen und vertieften Schriftlesung führen.

2. Das Neue Testament bildet äußerlich nur einen kleinen Teil der Bibel, aber inhaltlich den wichtigsten. Es ist die Erfüllung, aber nicht die Vollendung des Alten Testaments. Erfüllung ist es in mehrfacher Hinsicht. Der Gottesbegriff des Alten Testaments ist vor allem die wuchtige, unheimliche Majestät des lebendigen Gottes. Im Gegensatz zum Götzendienst umliegender Völker hat Israel seinen Ein-Gott-Glauben mit eindringlichem Ernst, erschütternder Größe und bedingungsloser Ausschließlichkeit empfangen, immer schärfer herausgearbeitet, kämpfend verteidigt und schließlich zu selbstverständlichem Bewusstsein entfaltet. Der neutestamentliche Gottesbegriff ist der gleiche, aber nun erweitert, vertieft in der Richtung des gnädigen Gottes der Liebe. Auch im Alten Testament ist Gott Gnade und Liebe, aber vor allem erwählende Gnade des einen Volkes, nicht so sehr des einzelnen Menschen. Und die Gnade und Liebe ist doch aufs Ganze gesehen von der richtenden Strenge überschattet. Das Neue Testament dagegen verkündet nicht nur lehrend, dass Gott die Liebe ist, sondern zeigt in Jesus Christus die menschgewordene, die fleischgewordene Liebe des Herrn. Erfüllung im Sinne einer Vertiefung ist weiterhin in der Ethik zu finden. Alttestamentliches Ethos ist noch »Auge um Auge, Zahn um Zahn«. Neutestamentliche Ethik ist Liebe von Mensch zu Mensch, nicht nur von Gott zu Mensch und von Mensch zu Gott, und zwar eine Liebe, die umfassend ist und darum auch vor dem Feind nicht haltmacht. In der Bergpredigt stellt Jesus die neue Ethik bewusst als Vervollkommnung alttestamentlicher Sittlichkeit hin. Eine Weiterführung findet sich auch in den drei zentralen Größen des Alten Bundes: Gesetz, Tempel und Bund. Auch das Neue Testament ist ein Gesetz. Aber nun ist es nicht mehr die Beobachtung des Gesetzes als solche, die entscheidend ist, sondern die innere Gesinnung, aus der heraus das Gesetz beobachtet wird: Gesinnungsethik anstelle der Werkheiligkeit. Gott richtet den

Menschen nach seinem Herzen, nicht nach seinem äußeren Tun. Der Tempel und sein Kult sind abgelöst durch die Anbetung im Geist und in der Wahrheit. Die alten Opfer waren nur Symbole. Das Opfer des Neuen Testamentes ist das Opfer des gekreuzigten Herrn, das alle Symbole erfüllt. Das Messopfer ist nichts anderes als die Vergegenwärtigung des einen, allein gültigen Kreuzesopfers Christi. Der Bund ist jetzt nicht mehr der Bund Jahwes mit dem einen erwählten Volk, sondern Berufung aller Völker ins Reich Gottes als Gemeinschaft der Erlösten.

Trotzdem ist auch das Neue Testament noch nicht die Vollendung. Es berichtet wohl vom Kommen Gottes und damit vom wichtigsten Geschehen der Menschheitsgeschichte, aber es verheißt noch ein zweites Kommen, eine Wiederkunft des Herrn. Erst dann wird er die eigentliche Vollendung bringen. Dann wird man an Gott nicht mehr glauben, sondern ihn schauen. Die Liebe wird durch menschliche Begrenztheit und Schwäche nicht mehr immer wieder Stückwerk und ein armseliger Versuch sein, sondern sie wird alles durchdringen und die eigentliche belebende Kraft aller Menschen sein. Das Gesetz ist dann abgelöst durch das freudige und freie Tun aus Liebe. Der Tempel ist dann erst vollendet, weil es nichts Profanes mehr gibt, sondern alles im Heiligtum ist. Und der Bund ist dann vollendet, weil die Zahl der Erwählten voll ist. Das neue Jerusalem mit dem geistigen Israel wird als triumphierende Kirche die streitende ablösen und im neuen Himmel und der neuen Erde das neue Paradies sein, mit dessen Schilderung das letzte Kapitel im letzten Buch des Neuen Testaments die Frohbotschaft beschließt.

3. Das Entscheidende im Neuen Testament ist das Evangelium. Das Wesen der Frohbotschaft ist negativ die Möglichkeit, von der Sünde frei zu werden, und positiv die Berufung ins

Reich Gottes. Beides, die Erlösung der Menschen und die Gestaltung des Reiches Gottes, vollzieht sich durch Jesus Christus. Und so ist Christus als der vom Vater gesandte, viel geliebte Sohn, der die Menschen erlöst und den Vater verherrlicht, das eigentliche Thema der Bibel: Friede den Menschen und Gott in der Höhe die Ehre durch den Menschensohn und Gottessohn Jesus Christus.

Schon das Alte Testament hat geheimnisvoll in immer deutlicher werdenden Umrissen seine Gestalt gezeichnet. Der Alte Bund ist nach Paulus ein Schattenriss der sich nahenden Christusgestalt und der Typus des Kommenden. Das Neue Testament zeigt seine Gestalt in vollem Licht. In den Evangelien spricht und wirkt er selbst, in der Apostelgeschichte breitet sich seine Botschaft in der römisch-griechischen Kulturwelt aus. Die Briefe der Apostel verkünden seine Lehre und zeigen die Entwicklung seines Reiches mit Fortschritten und Rückschlägen, mit Schwierigkeiten und Erfolgen. Die Apokalypse stellt sein Kommen in den großen heilsgeschichtlichen Zusammenhang der Gegenwart und der Zukunft bis zu seiner Wiederkunft, welche die Erlösung vollendet und das Reich Gottes in der Herrlichkeit bringt.

So ist Christus das verkörperte Evangelium. Der Mensch leidet schmerzlich unter der Erkenntnis seiner Grenzen und leidet doppelt unter dem Bewusstsein seiner Sünde. Die Humanität ist außerstande, den idealen Menschen und die ideale Menschheit zu schaffen. Durch die Tragödien der Antike, durch die Erlösung suchenden Mysterienkulte, durch die Religionen und Riten der heidnischen Völker zieht sich diese schmerzende Erkenntnis und sie hat im Neuheidentum von heute mit seinem Nihilismus einerseits und seinem pseudomessianischen Auftreten andererseits eine neue Ausprägung gefunden. Die Lösung kommt aber von der anderen Seite her, nicht von der Seite des Menschen, sondern vonseiten Gottes.

Und zwar kommt sie durch das Kommen Gottes selbst in der Menschwerdung Gottes, die sich in Jesus Christus vollzogen hat. So ist seine Gestalt die Frohbotschaft für den Menschen. Und sie ist es auch für die Menschheit. Denn alle Versuche zur Einigung enden immer wieder in neuen Konflikten, in geistigen und oft auch sehr ungeistigen Auseinandersetzungen bis zu selbstvernichtenden, mörderischen Kriegen. Alle Bestrebungen um geistige Einheit oder einen gemeinsamen Rechtsboden oder organisatorischen Zusammenschluss erweisen sich auf die Dauer als Illusion. Denn die Menschen haben das Bewusstsein ihres Ursprungs im selben einen Gott verloren und lehnen das Gehen zum selben einen Gott als Ziel ab. Aber Christus ist als das neue Haupt der Menschheit gekommen, sodass in ihm ein neues Einheitsprinzip gegeben und die neue Einigung möglich ist. Darum die Sendung der Apostel zu allen Völkern. Die Vielheit soll wieder zur Einheit werden, die Verwirrung, die im Turmbau zu Babel ihr Symbol gefunden hat, soll durch die Einigung überwunden werden, die im Kommen des Pfingstgeistes zu Jerusalem sichtbar geworden ist. Nicht der Geist von unten bringt die Einheit, sondern der Geist von oben. Dieser Geist ist durch Christus verheißen und gesandt worden, sodass auch von dieser Seite her Christus die Frohbotschaft ist.

Er ist sie aber nicht nur durch das Aufzeigen und die Verwirklichung des Menschen- und Menschheitsideals, sondern auch und vor allem durch die Offenbarung des Wesens Gottes. Der Mensch kann wohl mit seinem Verstand bis zu den Grenzen Gottes tastend vorstoßen und auch dürftige Blicke ins Wesen Gottes tun, aber selbst dieses Wenige ist mit mancherlei Irrtümern behaftet und darum mit vielen Fragezeichen versehen. Christus ist aber die Selbstmitteilung Gottes. Er tut Gott kund als den Vater und sein innerstes Wesen als die Liebe. Und der ferne Gott kommt in Christus in die Nähe. Der

Unsichtbare wird in ihm sichtbar, sodass der Mensch durch Jesus Christus nun eine klare Gotteserkenntnis und die Möglichkeit zu einer persönlichen Gottesliebe hat, und zwar Gottesliebe im Sinne von lieben zu können und zu dürfen und im Sinne von geliebt zu sein. Christus als menschgewordene Liebe ist der Brückenschlag, der beide Ufer verbindet, Frohbotschaft des Hinüber und Herüber. Dieser Brückenschlag vollzieht sich durch das Kreuzesopfer Christi, sodass dieses Kreuz, das doch als gewaltsame Hinrichtung Hass und Sünde offenbart, zugleich die größere und stärkere Liebe Gottes kundtut. Durch diese am Kreuz sichtbar gewordene Liebe erweist sich das Leben stärker als der Tod, die Gnade größer als die Sünde, die Liebe mächtiger als der Hass, weil eben Gott nicht nur alle Abgründigkeit des Menschen, sondern auch alles Dunkle und Unheimliche des Dämonisch-Satanischen überwindet. Die Frohbotschaft des gekreuzigten und auferstandenen Herrn ist somit das zentrale Thema des Evangeliums.

4. Diese eine Botschaft findet im Neuen Testament einen vierfachen Ausdruck, denn das Evangelium ist in *vier Evangelien* kundgetan. Sie enthalten dieselbe eine Botschaft, aber aus verschiedener Blickrichtung.

Matthäus zeichnet Christus als den Messias. Seine Botschaft ergeht zuerst an Israel, wird aber von dessen verantwortlichen politischen, geistigen und religiösen Führern abgelehnt und nur vom wahren, innerlich gläubig-bereiten Israel aufgenommen. So gründet Jesus, der Messias, das neue Israel, die Kirche, auf dem weltweiten Boden der Berufung aller Völker. Die Matthäusbotschaft, die ein erschütterndes Ringen und Kämpfen, ein immer neues Werben und Rufen und schließlich ein kraftvolles Trotzdem und Dennoch aufzeigt, endet im triumphalen Ausklang einer Sendung der Berufenen zu allen Völkern und in einer Verheißung einer unsichtbaren, geheimnisvollen

Gegenwart Christi in der Mitte dieser Berufenen bis zum Ende der Zeiten. Anders das Markusevangelium. Es weist nicht diese scharfe Linienführung auf, hat nicht diesen geschlossenen Aufbau und diese kunstvolle Komposition, sondern ist schlichter Bericht des Mannes aus dem Volk, der die Ereignisse so erzählt, wie er sie miterlebt hat. Man hört durch die Markuserzählungen die Stimme des Petrus. So ist dieses Evangelium besonders reich an unmittelbarer, farbiger Darstellung einer Fülle von Einzelheiten, an naiven, spontanen Reaktionen. Christus steht mitten im Volk der Bauern und Fischer Galiläas, erzählt vom Vater, verkündet das Reich Gottes, heilt ihre Kranken und ist von ihrer Begeisterung umbrandet. Lebendige Volkstümlichkeit, urwüchsige Selbstverständlichkeit, kindliches Staunen und ungebrochene Verwunderung finden sich in besonderer Weise in der Markusschrift.

Anders Lukas. In seiner Schrift spürt man den griechischen Einschlag des kultivierten, gebildeten Arztes mit seiner geschärften Beobachtungsgabe, seinem Abstreifen des spezifisch Jüdischen, seinem weltweiten Horizont und vor allem seinem Sinn für Helfen und Heilen. Das Christusbild des Lukasevangeliums ist Jesus als Heiland der Welt, d. h. als der große Heilbringer für alle menschliche Not. Und zwar geht durch seine Schrift in besonderer Weise der Gedanke der Universalität, des Umfassenden und Umspannenden. Es ist die Schrift, in der am meisten Licht leuchtet und ein besonders frohes und freies Schreiten zu spüren ist.

Wieder anders Johannes. Sein Evangelium ist die Schrift eines Mystikers, der einerseits einen besonderen Sinn für das Mysterium hat und damit für alles Geheimnisvolle, Dunkle, Hintergründige und Tiefe. In keinem Evangelium sind die düstere Macht der Sünde und die Unheimlichkeit des Dämonischen so spürbar wie bei Johannes. Zu gleicher Zeit aber hat gerade er, wie der Adler, der seine Schwingen breitet und zur

Sonne emporstrebt, einen besonderen Blick für das übermenschlich Große, das Geheimnisvolle, unfasslich Göttliche in Jesus Christus. Johannes lässt uns immer wieder durch die Hülle des Sichtbaren hindurchblicken. Bei ihm ist alles transparent. Jesus ist das menschgewordene Gotteswort, Geist im Fleische. Johannes hat als Mystiker auch den besonderen Sinn für die zentrale Stellung des Opfers Christi. Denn sein Passionsbericht vom Lamm Gottes, dem »kein Bein zerbrochen wird«, und vom »Durchbohrten, zu dem sie aufschauen«, von der geöffneten Seite des neuen Adam, aus der im Blut und Wasser sakramentalen Lebens die neue Eva, die Kirche, geboren wird, ist Aufzeigen des Herzensgeheimnisses Jesu, des Geheimnisses blutiger Hingabe und zugleich der strömenden Fülle der Wasser des Heiligen Geistes.

Alle vier Evangelien zusammen zeichnen zwar den ganzen Christus, aber sie zeichnen ihn nicht ganz, denn kein Menschenwort vermag die Tiefe Christi auszuloten und die Höhe Christi auszumessen. Er übersteigt immer wieder das menschliche Denken und Ahnen und entzieht sich dem menschlichen Zugriff. Alles Sprechen über ihn ist trotz aller Kunst der Darstellung nur ein Stammeln über das eigentliche Wort, das man im Letzten nicht verstehen, sondern nur im Glauben aufnehmen kann. Darum ist der Glaube an Jesus Christus, den menschgewordenen Gott, den Messias, den Heilbringer, den geopferten Lebensspender der Weg zum Heil. Glaube ist Aufnahme des Evangeliums als Frohbotschaft Gottes an den Menschen.

5. Die Lesung der Heiligen Schrift ist dabei Voraussetzung, allerdings nicht wesentliche Voraussetzung, denn das Evangelium wird durch die Kirche mündlich verkündigt. Aber die Verkündigung durch die Predigt muss sich immer wieder mit Einzelabschnitten begnügen und so bleibt die Kenntnis dieses

wichtigsten aller Bücher Stückwerk. Die persönliche Lesung füllt diese Lücke aus und vermittelt erst einen richtigen Einblick und Überblick über das Ganze. Es hat sich so vieles im heutigen Leben als zweitrangig, vorübergehend und brüchig erwiesen, dass der Ruf »Zurück zu den Quellen« überall hörbar wird. Zu den Quellenschriften des Christentums gehört aber in erster Linie und vor allem die Heilige Schrift. Darum ist ein neues Verständnis für die Bibel und ein neues Interesse an ihr lebendig geworden. Hier hat der Mensch die Sicherheit, das Unverfälschte, Unveränderte vor sich zu haben, das Ursprüngliche ist ihm zugängig. Alle späteren Zutaten, alle Verschnörkelungen des ursprünglich stilreinen Baus, alle Übermalungen des Urbildes fallen weg. In dieser Quelle findet der Gläubige eine Frömmigkeit, die echt ist, im Unterschied zur Gebetbuchfrömmigkeit. Es gibt sehr gute und brauchbare Gebetbücher. Und es wäre ein engstirniger Fanatismus und eine lächerliche Einseitigkeit, die Benutzung von Gebetbüchern verpönen zu wollen. Aber sie haben vielfach etwas allzu Subjektives an sich, bisweilen auch etwas Gekünsteltes mit übertriebenen Formulierungen, mit gemachten Affekten oder auch eine unangenehme Sentimentalität, etwas Muffiges und Engbrüstiges. Die Frömmigkeit der Heiligen Schrift ist ganz anders. Der Atem Gottes ist darin spürbar. Das kühne, tapfere Schreiten Christi hat etwas Unwiderstehliches. In der Frömmigkeit des Neuen Testaments ist alles groß und weit, frei und echt, kernig, saftig und kühn. Wer aus dieser Quelle schöpft, muss sich zuerst an die sprudelnde Frische dieses erquickenden Trankes gewöhnen. Aber hat er einmal angefangen, sich daran zu laben, findet er an anderem kaum mehr Geschmack oder höchstens so weit wie biblische Frömmigkeit darin Niederschlag und Echo findet. Der Einstieg in dieses Gebirge ist freilich nicht ganz leicht. Die Verstiegenheiten der Sektierer und die Verirrungen von Pietisten verschiedenster Art beweisen es.

Wer aber die Heilige Schrift aus der Hand der Kirche entgegennimmt, in ihrer Lehre immer wieder eine sichere Norm und einen zuverlässigen Wegweiser findet, überlässt sich mit ruhigem Vertrauen dieser ursprünglichen und echten Frömmigkeit. Darum ist die Schriftlesung, wenn nicht nötig, so doch fruchtbar und belebend.

6. Zur Lesung sollte die Meditation kommen. Wir haben das richtige Lesen verlernt. Unser Jahrhundert ist durch Film, Rundfunk und Fernsehen mehr auf das Schauen und Hören eingestellt als auf das Lesen. Und wenn wir lesen, so geschieht es, als Auswirkung der Zeitungslektüre, meist obenhin und flüchtig. Auch Zeitschriftenartikel werden meist nur diagonal gelesen. Und selbst wenn man ein Buch zur Hand nimmt, wird ein kundiger Leser aus dem Inhaltsverzeichnis rasch die für ihn entscheidenden Kapitel herausfinden, sich in diese vertiefen und das andere in rascher Lektüre hinzunehmen. Eine solche Lesung des Neuen Testaments ist sinnlos. Hier geht es um das Wort Gottes. Darum ist besinnliche Lektüre die einzig richtige Art der Lesung. Es handelt sich nicht nur um intellektuelle Aneignung des Stoffes, um Bereicherung verstandesmäßiger Erkenntnis, sondern das Wort Gottes soll den Einzelnen treffen, soll von ihm in persönlicher, innerer Aufgeschlossenheit und Empfänglichkeit des Geistes und Herzens aufgenommen werden. Darum muss die Lesung eine Aufnahme des Wortes Gottes sein, also eine betende Lesung in Ehrfurcht und Bereitschaft. Alles Vorwärtshasten beeinträchtigt die Wirkung. Man muss bei Einzelheiten stehen bleiben, sie mehrmals lesen und besinnlich überdenken. Es soll eine Lesung sein, die vom inneren Licht des Heiligen Geistes durchstrahlt wird. In diesem Lichte sehen wir anders, verstehen Geheimnisse, die sich hinter diesen Worten verbergen. Texte, die man schon oft gehört oder gelesen hat, werden plötzlich ganz neu, greifen ins

Lebendige, beginnen das Herz und das Leben umzugestalten. Der Leser weiß sich von Gott angesprochen und aufgerufen. Die Lesung wird zum bereitwilligen Jawort lebendigen Glaubens. Es ist besser, sich täglich eine Viertelstunde zu nehmen, um einen vielleicht kurzen Text besinnlich meditierend zu lesen, als in längerer zusammenhängender Zeit einen möglichst großen Abschnitt bewältigen zu wollen. Man muss so lesen, dass es ein inneres Hören ist. Dann werden Lesen und Hören zum rechten Schauen führen und das erst ist ein innerliches Lesen ohne Hast und Oberflächlichkeit, ein *intus legere*, und somit eigentliche Intelligenz.

7. Dazu kommt noch ein Letztes: die Auslegung des Textes. Der Mensch trägt allzu leicht eigene Auffassungen in die Schrift hinein. Damit wird nicht das Wort Gottes ausgelegt, sondern Menschenwort in die Schrift hineingelegt. Die sichere Auslegung geschieht durch die Kirche. Sie hat den Auftrag der Verkündigung und die Verheißung des Heiligen Geistes zur Verkündigung in Wahrheit und mit Sicherheit. Wer sich nicht an die Schrifterklärung der Kirche hält, läuft Gefahr, in die Irre zu gehen und damit dem Sektierertum zu verfallen oder einer einseitigen Sensibilität, die dann nur einen Teil der geoffenbarten Wahrheit enthält und sich den Zugang zum übrigen Wort des Herrn verschließt. Die Predigt der Kirche soll zwar nicht nur, aber doch auch und vor allem Erklärung des geschriebenen Gotteswortes sein, also Auslegung der Bibel.

Und so greifen persönliche Lektüre der Heiligen Schrift, meditierendes Gebet und Anhören der Predigt ineinander. So wird die Aufnahme der Frohbotschaft den Menschen wirklich froh machen. Wer einmal diese echte Freude gefunden hat, gewinnt in ihr einen inneren Frieden, der die schönste Wirkung des Wortes Gottes ist.

I. TEIL

DER STANDORT

Mit der Bergpredigt *allein* lässt sich weder ein Staat aufbauen noch eine Kultur erneuern, denn die Bergpredigt enthält nicht das ganze Christentum. Das Objektive, Institutionelle, also Kirche, Sakramente usw. wird in ihr kaum berührt. Sie behandelt nur das subjektive Element, also die persönliche innere Einstellung und Haltung. Und selbst diese ethische Seite ist in der Bergpredigt nicht restlos behandelt, sondern es sind nur einige Grundforderungen aufgestellt. Die Bergpredigt braucht somit eine Ergänzung durch die anderen Teile des Matthäusevangeliums, ja überhaupt durch die anderen Lehren der Bibel, des Alten und des Neuen Testaments. Sie braucht vor allem die Interpretation, die beste und konkreteste Erläuterung durch das Beispiel Jesu. Die Art, wie er den Tempel säubert und wie er dem Knecht begegnet, der ihn vor Hannas ins Gesicht schlägt, seine Reden gegen die Pharisäer und Schriftgelehrten, seine flammenden Worte vom Schwert, das er bringen will, vom Kampf, zu dem er aufruft, usw., dürfen, um nur einige Beispiele zu nennen, nicht außer Acht gelassen werden. Als weitere Ergänzung kommt die Schöpfungsordnung Gottes, wie sie durch die Vernunft erkennbar ist. Gerade der Staat als Naturgebilde und die Kultur, in welcher das menschliche Tun so entscheidend ist, können ohne die Überlegung der Vernunft, ohne Studium der naturgegebenen Gesetze und des natürlichen Sittengesetzes nicht richtig gestaltet werden. Die Bergpredigt bedarf weiterhin der sicheren und zuverlässigen Erklärung durch die Kirche. Denn gerade der Wirrwarr der tausenderlei Erklärungen, die im Laufe der Jahrhunderte die

Bergpredigt entstellt haben, sind ein deutlicher Beweis für die Wichtigkeit zuverlässiger Führung. Sie ist uns in der Kirche gegeben, die durch die Verheißung Jesu vom Heiligen Geist erleuchtet ist.

Man darf somit von der Bergpredigt nicht zu viel verlangen. Darf sie nicht aus dem Zusammenhang reißen. Darf sie nicht als die einzige und allein maßgebende Norm hinstellen. Sonst hat man eine zu schmale Basis, verfällt notwendig Übertreibungen und Überspitzungen, kommt zu falschen Radikalismen, deren Ergebnis schlussendlich nicht Aufbau, sondern Zerstörung ist.

Auf der anderen Seite darf man die Bergpredigt und ihre Bedeutung nicht verkleinern und verharmlosen. Wer mit Bornhäuser sagt, sie sei zeitbedingt und gelte nur für den damaligen Jüngerkreis, den der Rabbi von Nazareth um sich gesammelt habe, nimmt ihr für die Gegenwart jede Bedeutung. Oder wer mit Albert Schweitzer behauptet, die Bergpredigt sei aus der Erwartung des unmittelbar bevorstehenden Weltendes entstanden und werde in dem Augenblick hinfällig, in welchem dieses Ende der Zeiten in weite Fernen rücke, nimmt ihr für die Gegenwart die eigentlich verpflichtende Kraft. Wer mit Kittel und anderen den Zweck der Bergpredigt darin sieht, dass sie ein bewusst unerfülltes Ideal aufstelle, um so dem Menschen seine eigene Sündhaftigkeit klarzumachen, rückt die ernsten Forderungen Jesu in so weite Ferne, dass ein Streben nach Erfüllung und Verwirklichung sinnlos wird. Wer endlich die These eines doppelten Christentums aufstellt und im Zusammenhang damit die Bergpredigt nur als Forderung für Mönche gelten lässt, für die Weltleute aber eine andere, auf das bürgerliche Format zugeschnittene Ethik fordert, hat die Bergpredigt nicht verstanden. Denn gerade von dem, was den Unterschied zwischen dem Mönch und dem Menschen in der Welt ausmacht, ist in der Bergpredigt nicht die Rede. Sie redet nicht von der Ehelosigkeit um des Himmelreiches willen. Sie redet nicht von der frei gewählten Armut, bei der Christus der einzige Reichtum sein soll. Und auch von der Auslieferung des eigenen Willens, also dieser letzten Selbstverleugnung um des Gekreuzigten willen, spricht sie nicht. Dafür wird ausdrücklich betont, dass Jesus zu den großen Scharen des Volkes, die von allen Seiten herbeiströmten, gesprochen habe. Die Forderungen gelten also für alle Christen jeden Standes und jeden Berufes. Man verharmlost die Bergpredigt auch und entstellt ihre geistige Größe, ihre seelische Weite, ihr tapferes Schreiten, man nimmt ihr den großen Atem und den flammenden Blick, wenn man sie zu einer kleinen bürgerlichen Angelegenheit erniedrigt, aus ihr eine sentimentale Friedensschalmei macht oder gar in ihr eine Seligpreisung des Schwachen, des Unfähigen, des Weichlichen und Kleinlichen finden will. In Wirklichkeit ist sie voll verhaltener Glut, geballter Kraft und gewaltiger Größe. Sie fordert Heroismus, aber ohne Pose. Kraft, aber ohne Geschrei. Zucht, aber ohne Drill.

Es ist also wichtig, den Standort der Bergpredigt zu kennen, ihr nicht zu viel und nicht zu wenig Bedeutung zuzumessen. Dann erst haben ihre Worte die richtige Kraft. Man darf einen Stein nicht aus dem Gebäude brechen, in dessen Aufbau ihm ein ganz bestimmter Platz zukommt. Die Bergpredigt will so die Grundlinien der neuen, durch Christus gebrachten Religiosität zeichnen, einige Grundforderungen des christlichen Ethos mit gewaltigen, wuchtigen Sätzen aufstellen. Gerade das ist es aber, was wir heute brauchen.

Wir brauchen eine Reform aus dem Geiste. Lange genug haben wir uns zu sehr auf die Reform der Institutionen beschränkt. Haben von der Eigengesetzlichkeit der kulturellen Sachgebiete geredet. Haben Wirtschaft, Staat, soziale Struktur, wissenschaftliche Forschung, Entfaltung der Technik völlig vom Religiösen losgelöst, als in sich selbst geschlossene

Gebiete behandelt und so allem den inneren Zusammenhang und die innere, geistige Kraft genommen. Reform darf darum nicht an diesen äußeren Ordnungen hängen bleiben. Es handelt sich im staatlichen und kulturellen Leben um Dinge, die der Mensch gestaltet, also um Dinge, die weitgehend von seinem freien Wollen und Tun abhängen. Gerade darum spielt die Gesinnung, in welcher der Mensch an die Dinge herantritt, der Geist, aus welchem er die Aufgaben in Angriff nimmt, eine entscheidende Rolle. Reform aus dem Geist ist nun gerade das, was die Bergpredigt will. So greift sie ins Lebendige. Setzt heute den Hebel gerade an dem Punkt an, an welchem allein die Felsklötze gehoben werden können, die der Entwicklung zu einer rechten Ordnung im Wege stehen.

Und bei dieser Reform aus dem Geiste brauchen wir heute nicht so sehr eine Menge von Einzelheiten, Regelungen von kleinen Einzelsituationen, Ziselierarbeit einer christlichen Verfeinerung und Verästelung, sondern wir brauchen die Herausarbeitung der großen Linien, das Legen der Fundamente, das Aufzeigen des tragenden Gebälkes, mit einem Wort: gerade das, was die Gesinnungsforderung der Bergpredigt ist.

Wir brauchen aber diese Grundsätze des christlichen Geistes in einer Formulierung, die sich nicht in abstrakter Schulweisheit verliert und nicht in Paragrafen eingefangen ist, sondern die konkret, lebendig, aus dem Leben schöpft und ins Leben greift. Also wieder gerade das, was die Bergpredigt tut. Sie ist kein Lehrbuch der Moral. Kein Katechismus. Kein Gesetzbuch. Keine theologische Abhandlung. In wuchtigen Sätzen und mit anschaulichen Bildern – man denke nur an den Splitter und den Balken – lässt sie den echten Geist christlicher Haltung aufleuchten.

Und über dem Ganzen steht das erste Wort dieser Bergpredigt: *beati* (»selig«, Anm. d. Verl.). Sie ist also nicht düstere Forderung, unheimliche Drohung, ein hartes »du sollst«. Es rollen in ihr nicht die Donner des Gerichtes und es zucken in ihr nicht die fahlen Blitze des Gotteszornes, wie beim Zweitafelgesetz des Sinai. Sie ist vielmehr eine Antwort auf das tiefste, innerste Sehnen des Menschen nach Glück und Seligkeit. Sie ist Wegweiser zur inneren Freiheit, zur seelischen Größe. Sie ist die Lösung innerer Verkrampfung. Sie ist Appell an das Große in uns. Ruf zu den Höhen. Führer aus den Schlupfwinkeln kleinlicher Enge, aus den muffigen Hütten drückender Ängstlichkeit und aus den lauschigen Winkeln bürgerlicher Gemütlichkeit. Mit einem Wort: Sie ist gerade das, was wir heute brauchen. Worauf viele warten, ohne es zu wissen. Wonach sie Ausschau halten, ohne es zu kennen. Und das gibt auch die Berechtigung, diese großen, herrlichen und lodernden Worte nicht bloß auf den Kanzeln unserer Kirchen zu predigen, sondern auch vom Podium der Presse aus weitesten Kreisen zu verkünden.

DIE ARMEN IM GEISTE

Dieses erste, erbittert umkämpfte, gepriesene und gelästerte Wort der Bergpredigt greift ins Lebendige. Es ist voll Kühnheit und stößt mit seinem Angriff in die Mitte der gegnerischen Front. Es ist unheilschwanger, denn es birgt in seinem Schoß das Todesurteil über die gefährlichste Versuchung der Religion. Jene Versuchung, welche die Frömmigkeit in ihr Gegenteil umschlagen lässt und die Verherrlichung Gottes zu einer Huldigung ans eigene Ich missbraucht. Dieses scharf gemeißelte Christuswort ist aber gerade durch diesen unerbittlichen Hinweis auf das letztlich Entscheidende eine Befreiung. Denn es macht den Weg frei zu klarer, eindeutiger Haltung Gott gegenüber. Es hat eine Revolution ausgelöst, denn es hat Letzte zu Ersten und Erste zu Letzten gemacht. Es hat Sündern das Portal des Gottesreiches aufgestoßen und Scheinheiligen aller Zeiten die Maske vom frommen Gesicht gerissen. Es ist die unerbittliche Zertrümmerung religiöser Einbildung und Seligpreisung derer, die wissen, dass sie nichts wissen. Es »wirft die Mächtigen von den Thronen« ihrer Anmaßung, und »hebt aus dem Staube« alle, die wissen, dass vor dem Allmächtigen jede geschaffene Macht nur Ohnmacht ist, alles Vermögen nur Unvermögen, alles Werk nur Stückwerk.

Dass eine selbstgefällige Frömmigkeit sich dem harten Griff dieses Christuswortes entwinden will, dass Dünkel und Geistesstolz sich dagegen auflehnen und es mit den scharfen Waffen zynischen Spotts und blutiger Ironie zu erledigen suchen, ist nur allzu begreiflich. Aber dass auch Christen es durch falsche Deutung dem Gespött ausliefern und der Verhöhnung überantworten, ist bitter. Viele haben die geistige Größe und blitzende Schärfe dieses Wortes nicht erfasst, haben es verharmlost und verkleinert, auf ihr Maß zugeschnitten, in ihre Kleinbürgerlichkeit herabgezogen. Sie haben es auf ein Nebengeleis geschoben, wo es zwar noch eine soziale und darum scheinbar wichtige Bedeutung hat, in Wirklichkeit aber sein eigentliches Ziel verfehlt und seine Kraft einbüßt. Sie haben ihm durch die Verlagerung ins Wirtschaftliche das Salz genommen. Haben ihm den Stachel ausgerissen, der jeden, der es ehrlich hört, nicht mehr zur Ruhe kommen lässt. So ist es ihnen geglückt, dass es in ihrer sentimentalen Biedermeierfrömmigkeit heimisch geworden ist und sich gefahrlos ihrem Beten und Singen einfügt. Seitdem lesen sie in der Bibel darüber hinweg, ohne im Geringsten in Unruhe zu geraten oder gar ihr seelisches Gleichgewicht zu verlieren. Und gerade das wäre doch sein Zweck. Sein loderndes, revolutionäres Feuer ist zur ruhigen Ampel geworden, die sie vor dem Hausaltar ihrer selbstgefälligen Frömmigkeit ohne jede Gefahr und zur Verherrlichung ihrer gefühlsseligen Stimmung in harmloser Stille leuchten lassen.

Was meint Christus mit der Armut im Geiste? Er will bestimmt *nicht* die intellektuelle Dürftigkeit geistiger Anspruchslosigkeit und Verstandesschwäche seligpreisen. Gott ist Geist. Je mehr Geist darum in der Schöpfung aufblitzt, desto mehr erfüllt sie ihren Zweck, Abglanz des ewigen Gottesgeistes zu sein. Der Mensch soll als Ebenbild Gottes, »nach seinem Bild und Gleichnis« geschaffen, im stofflichen Körper den Geist tragen und den Geist über den Stoff herrschen lassen. Der eigentliche Lebenszweck des Menschen, die Verherrlichung Gottes, wird gerade dadurch erreicht, dass er durch seinen Geist den Symbolcharakter aller geschaffenen Dinge erkennt und so in dem vom Gottesgeist geschriebenen Buch der Offenbarung lesend zur immer klareren Erkenntnis Gottes gelange. Darum ist eine *docta sanctitas* (»gelehrte Heiligkeit, Anm. d. Verl.) wertvoller als eine *sancta simplicitas*(»heilige Einfachheit«, Anm. d. Verl.). Und darum hat auch die Kirche von jeher jede intellektuelle Arbeit gefordert und gefördert. Sie hat Geistesheroen wie Augustinus und Thomas heiliggesprochen. Die großen Männer der Patristik und der Scholastik, Philosophen und Theologen, haben bei ihr Heimat und Würdigung gefunden. Sie ist die Gründerin der ersten Universitäten. In ihrer Mitte sind die großen *Summen* geschrieben worden. Alles in der Nachfolge Christi, der von sich gesagt hat, er sei gekommen, um der Wahrheit Zeugnis zu geben. Um Geistesarmut handelt es sich also bestimmt nicht in der ersten Seligpreisung.

Es geht auch nicht um materielle, wirtschaftliche Armut. Von ihr hat Christus an anderer Stelle gesprochen, beim Wort vom Kamel und vom Nadelöhr, beim Gespräch mit dem reichen Jüngling, bei der Warnung vor dem Sammeln von Schätzen, die Rost und Motten verzehren. Aber dort redet er von der Armut schlechthin und fügt nicht die Klausel von der Armut »im Geiste« hinzu, die allzu leicht eine Flucht vor der harten Wirklichkeit seiner Forderung und ein Hintertürchen für Selbsttäuschung sein könnte. So meint er auch hier nicht das geistige Freisein von irdischem Besitz, die seelische Distanz dem materiellen Reichtum gegenüber. Es geht ihm um viel Größeres und Wesentlicheres. Es geht ihm um die eigentliche innerste Bereitschaft Gott gegenüber.

Armut im Geiste ist in der Forderung Christi das *Bewusstsein der seelischen, religiösen Armseligkeit.* Das Eingeständnis des eigenen Nichts, ja der eigenen Sündhaftigkeit vor Gott. Es ist also der Gegenstoß gegen jede Art Pharisäismus. Gegen jene Haltung, die sich vor Gott zu rühmen sucht, gegen jede, auch die kleinste und feinste Einbildung auf irgendetwas, vor allem gegen die Einbildung auf etwas Religiöses, also etwa die Einbildung auf Werke, Leistungen, Gebet, Aszese, Frömmigkeit.

Das Pochen auf eigenes Tun. Das Präsentieren der eigenen Rechnung: Ich faste zweimal in der Woche. Dieses erste Wort der Bergpredigt ist ein tödlicher Schlag gegen jede Art Sattheit. Aus wirtschaftlichem Reichtum, aus einem hohen Lebensstandard und bürgerlichen Wohlleben kann seelische Sattheit erfolgen, die glaubt, Gottes nicht mehr zu bedürfen oder ihm am Ende noch durch den Gottesdienst einen Gefallen zu tun. Daneben gibt es eine geistige Sattheit im professoralen Stolz der Wissenschaftler, im Geistesstolz der Intellektuellen. Aufblähendes Wissen kann den Menschen zu anmaßender *docta sanctitas*-Einbildung führen, bis er schließlich wähnt, der Offenbarung entraten zu können und die Worte Gottes vor das Forum seiner Vernunft zitieren zu dürfen, um in falscher Überhebung über ihren Wert oder Unwert ein Urteil zu fällen. Es gibt eine ästhetisierende Sattheit, die in der Religion nur das Element formaler Schönheit sucht und in der vollendeten Linienführung der Architektur, im beschwingten Rhythmus der Präfationen und in der feierlich-ernsten Zucht des Chorals trunken wird ob all der Schönheit und dann wähnt, in sublimen geistigen Erlebnissen Gott zu huldigen, wo es in Wirklichkeit nur Befriedigung persönlich-geistiger Bedürfnisse ist. Es gibt eine Sattheit des Gefühls, die in Lied und Andacht fromme Stimmung sucht und in solch sentimentalem Schwelgen sich selber suchend Gott zu finden wähnt. Es gibt eine sittliche Sattheit, welche die Rechnung eigener Leistungen führt, alles fein säuberlich notiert und katalogisiert, um schließlich vor Gott als lächerlicher Pharisäerpfau das gespreizte Rad moralischer Eitelkeit zu schlagen. Und es gibt eine religiöse Sattheit. Und diese ist die schlimmste. Sie ist von der eigenen Frömmigkeit überzeugt, distanziert sich mit Gruseln von allen Gottlosen, Kommunisten, Neuheiden usw. Wähnt sich gesichert durch die Summe religiöser Übungen, durch das Bewusstsein, »keine schwere Sünde begangen zu haben«. Für diese Menschen ist die Religion ein Problem, das sie gelöst haben. Alles Geheimnisvolle, Dunkle, alles Große und Gefährliche, alle Unheimlichkeit des richtenden Gottes, alles Ausgeliefertsein auf Gedeih und Verderb, alles Schreiten auf den schwankenden Wellen, nur gehalten von der Hand Christi, ist ihnen fremd. Religion ist für sie, wenn es hoch kommt, ein Sichtreffen von Gott und Mensch in der Mitte zwischen beiden. Ein Parallelogramm der Kräfte. Ein Werk, das durch zwei gleich große Komponenten zustande kommt: Gott und Mensch.

All diese Kartenhäuser anmaßender Religiosität werden durch das erste Wort der Bergpredigt, durch eine leichte, aber königliche Handbewegung Christi als lächerliches Spielzeug vom Tisch gewischt. Und es wird als Fundament der Frömmigkeit das Eingeständnis der eigenen Armseligkeit gefordert. Der Mensch ist vor Gott nichts. Ja, er ist vor Gott Sünder, seinem Gericht überantwortet, seinem Urteil ausgeliefert. Wenn Gott begnadet, statt zu richten, heilt, statt zu schlagen, so ist es Gnade. Und der Mensch ist Empfangender. Das ist es, was Paulus erfasst hat, wenn er sagt, er rühme sich seiner Schwachheit, weil dann die Kraft Christi in ihm lebe. Das ist es, was Ignatius in der zweiten Sündenbetrachtung seines Exerzitienbuches so unerbittlich bloßlegt. Das ist es, was die große Teresa von Avila meint, wenn sie sagt: »Alles ist nichts.« Und das ist es, was Christus selbst fordert, wenn er sagt, wir sollten dann, wenn wir alles getan haben, gestehen, dass wir unnütze Knechte sind. Taugenichtse, die im Vollsinn des Wortes zu nichts taugen. Wer nicht diese Armut im Geiste hat, ist für die Frohbotschaft der Gnade nicht vorbereitet. Das Haus seiner Frömmigkeit steht dann auf dem Sand menschlicher Einbildung, wo es doch auf dem Granit der Gnade Gottes ruhen müsste.

Das flammende Christuswort, das wie ein fahler Blitz durch das dunkle Gewölk selbst gebauter und darum die Sonne der

Gnade verdunkelnder Frömmigkeit zuckt, die Finsternis spaltet und die hässliche Wirklichkeit grell erleuchtet, hat nicht nur für den Einzelmenschen, sondern für ganze Kulturepochen entscheidende Bedeutung. Wo immer eine Generation das Heil aus eigenen Kräften schaffen will, die babylonischen Türme der Kultur nach eigenen Plänen entwerfen und mit eigener Kraft bauen will, fehlt die Armut im Geiste und ist darum alles Kulturstreben hoffnungslos dem Zusammenbruch ausgeliefert. Selbsterlösung durch die Entfaltung der Technik, durch die Macht der Organisation, durch humanitäre Bestrebungen, durch die Forschungsergebnisse der Wissenschaft, durch Erweiterung der Volksbildung geht von der Seligpreisung des Selbstbewusstseins aus und steht darum in schroffstem Gegensatz zum ersten Satz der Bergpredigt. Der Wille zur Macht, der mit hartem Blick und nerviger Faust zum Schwert greift, der Drang zur Größe, der weder geografische noch moralische Grenzen gelten lässt und dem Imperialismus der Großmächte durch Riesenarmeen zu Lande, zu Wasser und in der Luft unbegrenzte Möglichkeiten sichern will, ist Absage an den Geist dieses ersten großen Herrenwortes der Bergpredigt. So greift dieses schlichte, aber göttliche Wort Christi mitten ins Leben des Einzelnen und unserer ganzen heutigen Menschheit ein. Es räumt unerbittlich allen Schutt weg. Aber nur wenn dieses Wegräumen erfolgt ist, kann mit einem Neubau begonnen werden. Religion ist nun einmal nicht eine erste Etage, die auf unchristlichem Parterre aufgebaut werden kann. Ist nicht ein Anhängewagen, der nur äußerlich mit irdisch-menschlichem Tun verkoppelt wird. Sondern das Christentum ist etwas ganz anderes und ganz Neues. Es ist nicht ein Weiterziehen der menschlichen Linien, ein Vollenden menschlicher Anfänge, sondern es ist ein Legen der Fundamente durch Gott. Nur wo das Bewusstsein eigener Schwäche und eigenen Unvermögens lebendig ist, ist auch der Ansatzpunkt für die Gnade gegeben, kann somit der Anfang gemacht werden. Denn »im Anfang schuf *Gott* Himmel und Erde«. Und »im Anfang war das Wort« Gottes. Darum muss am Anfang eines religiösen Lebens und am Anfang einer Erneuerung der christlichen Kultur das Wort und das Werk Gottes stehen, nicht Wort und Werk des Menschen. So ist der erste Satz der Bergpredigt wirklich die Grundlegung zu einem Neubau.

SELIG DIE TRAUERNDEN

Hart und schroff steht in der Natur Gegensätzliches beieinander: das Leben neben dem Tod, die Nacht neben dem Tag, Geschrei neben der Stille, weiches Moos neben hartem Fels und Fließendes neben Starrem. So ist es nicht erstaunlich, dass auch in der Bibel, diesem wirklichkeitsnahen, naturverbundenen Buch, Gegensätze bisweilen schmerzlich beisammenstehen: die Gnade neben der Sünde, Heilige neben Verbrechern, Christus neben Barabbas. Noch aus einem anderen Grund liebt die Schrift das Formulieren in Gegensätzen. Sie kann damit den Menschen aufrütteln und zum Nachdenken zwingen, kann seine bürgerlichen Vorstellungen zerbrechen, seine religiösen Schablonen und Klischees beiseiteschieben und ihn dem lebendigen Gott und seinem Wort unmittelbar gegenüberstellen. Darum liebt auch Christus das Sprechen in Gegensätzen. Er redet vom Kamel und vom Nadelöhr, vom Splitter und vom Balken, vom reichen Prasser und vom armen Lazarus, vom Leben, das man verlieren muss, um es zu gewinnen. Eine solche Gegensatzformulierung liegt auch im fremdartigen Wort der Bergpredigt: Selig die Trauernden.

Seligkeit besagt das Schwimmen im Glück und das Baden im Licht der Freude, das Läuten aller Glocken und das Aufbrechen aller Lenze. Trauer besagt: seelischen Schmerz, bedrückenden Kummer, Last auf dem Herzen, Trübsal und Klage. Dass Trauernde seliggesprochen werden, ist demnach eine Formulierung, an der kein Denkender vorübergehen kann, ohne Anstoß zu nehmen, um sich entweder kopfschüttelnd abzuwenden oder zur tieferen Erkenntnis durchzustoßen.

Das Christuswort besagt selbstverständlich kein Lob der Melancholie. Wie könnte sonst über der Geburt Christi das Gloria erklingen, und wie könnte sein Wort Frohbotschaft heißen! Der Pessimismus als Weltanschauung ist dem Christentum im innersten Wesen zuwider. Das Wort der Bergpredigt ergibt sich vielmehr mit innerer Notwendigkeit aus dem Vorausgehenden, also aus der Seligpreisung der Armen im Geiste. Der Mensch, der sich seiner und aller Menschen Armseligkeit bewusst ist, sobald er dem Reichtum und der Größe des Gottesgeistes gegenübersteht, wird über diesen Anblick traurig, denn er weiß, dass es anders sein könnte und ursprünglich anders war. Dass Gott im Menschen durch dessen eigene Schuld nicht restlos zur Geltung kommt, dass das Reich Gottes im Menschen und in der Menschheit nicht verwirklicht ist, dass antigöttliche, ungeistige und widerchristliche Mächte am Werk sind und mit Erfolg am Werk sind, das ist der Grund der Trauer. Das Christuswort setzt voraus, dass ein Mensch den Blick für die Wirklichkeit hat, dass er sich also nicht vom Schein täuschen lässt, sondern auf das wirkliche Sein achtet. Der Blick hinter die Kulissen des Lebens, das Wissen um hässliche Dinge, die sich hinter schönen Fassaden bergen, die Kenntnis des Abgründigen, das sich unter harmloser Oberfläche verbirgt, soll dem Christen wesentlich sein. Er ist kein weltfremder Träumer und kein wirklichkeitsferner Idealist, sondern ein Mensch, der gerade durch das Sehen im Glaubenslicht gelernt hat, die Dinge genau so zu sehen, wie sie nach dem Urteil Gottes und folglich in objektiver Wirklichkeit sind, und der gelernt hat, an alles den allein gültigen Maßstab des Wortes Gottes zu legen. Wenn er mit diesem unbestechlichen Blick *in die eigene Seele* und ins eigene Leben schaut, kann er wirklich nicht in Optimismus verfallen. Dann sieht er dort Sünde und Versagen. Das Nichtmitgehen mit der Gnade. Das Nichtbereitsein für den Ruf und das Nichtansprechen auf die Stimme

Gottes. »Zu leicht befunden«, wird das Urteil immer lauten müssen. Zu klein für das, was Gott plante. Zu unbeweglich, um Gottes Werkzeug zu sein. Immer wieder kreisend um das Ich, anstatt endlich sich aus diesem lächerlichen Wirbel in die Bahn Gottes schleudern zu lassen und um ihn als einzigen Mittelpunkt zu kreisen. Wer beim Anblick seines eigenen Inneren nicht einen leisen, feinen und tiefen Schmerz nicht erfüllter Ideale und nicht verwirklichter Größe empfindet, ist kein Christ. Schmerzliche Traurigkeit wird das Ergebnis einer jeden Gewissenserforschung sein.

Darüber hinaus geht der Blick in die *Umwelt*. Auch dort ist das Reich Gottes keineswegs verwirklicht. Auf der einen Seite direkt religionsfeindliche und antichristliche Bewegungen, Bücher, Zeitschriften, Zeitungen, Organisationen. Auf der anderen Seite die religiöse Gleichgültigkeit der großen Massen, denen alles wichtiger ist als die Religion. Der Mechanismus und die Veräußerlichung christlicher Kreise, die Zerrissenheit und Spaltung der Christen, die unlebendige und unpersönliche Frömmigkeit so vieler Namenschristen, die Verdrängung des Christentums aus dem öffentlichen Leben, die ungerechte Verteilung des Eigentums, der unchristliche Eigentumsbegriff, der die Willkür an die Stelle des Verantwortungsbewusstseins setzt, der Materialismus der Habenden und der Nichthabenden, die unchristlichen sozialen Kämpfe, die den Hass an die Stelle der Liebe, die Feindschaft an die Stelle des Bruderverhältnisses setzen. Dazu das schreiende Unrecht, die Vergewaltigung und endlich der politische Hass der mörderischen Kriege, das Elend hungernder Massen, ganzer deportierter Völker, zerstörter Städte, zerrissener Familien, versklavter Völker. Und zu alldem der schmerzliche Gegensatz der Forderungen des Evangeliums mit seinem Geist der Liebe und des Friedens. Wer als Christ die Welt von heute sieht und bei diesem Anblick nicht ernste Trauer spürt, darf den Namen dessen nicht tragen, der beim Anblick des Elendes erklärt hat: »Mich erbarmt dieses Volkes.«

Aber dann stellt sich die Frage erst recht und in voller Schärfe: Wie kann der Mensch, der diese Trauer verspürt, seliggepriesen werden? Die Antwort liegt im Christuswort: »Sie werden getröstet.« Es ist nicht bloß der Hinweis auf die dereinstige, andere Welt des neuen Himmels und der neuen Erde, sondern es ist schon Überwindung dieser Trauer hier und jetzt. Denn Christus selbst ist der Trost Israels. Darum wartet der greise Simeon auf ihn und ist bei seinem Anblick getröstet. Christus ist die Lösung der Schwierigkeiten. Der Mensch, der mit sich selbst nicht fertigwird und nicht fertigwerden kann, weil der sich selbst überlassene Mensch ohne Gnade nichts tun kann, das für das Heil Bedeutung hat, findet in Christus die Lösung. Wenn man an das Wort des Johannesprologs denkt, dass Christus jeden Menschen erleuchtet, weiß man um die geheimnisvollen Gnadenvorgänge im Inneren einer jeden Menschenseele, um Licht und Kraft, Aufruf und Hilfe, um all das Große und Entscheidende, was unsichtbar und unhörbar in den Menschenseelen vor sich geht. Der Mensch weiß nun aus dem Glauben, dass sein kleines, dünnes Stammeln aufgenommen wird in das gewaltige Beten Christi und so zum Vater im Himmel dringt. Er weiß nun, dass seine dürftigen Versuche von der allmächtigen Hand Christi aufgegriffen und von ihr zu wirklichem Tun geführt werden, das vor Gott Sinn hat. Das paulinische »in Christus Jesus« ist der Trost eines jeden, der um das eigene Nichtkönnen weiß.

Das Gleiche gilt für die Welt. Christus lebt und wirkt in dieser Welt weiter. Wir haben also mitten im zerrissenen Abendland dieses übernatürliche, göttliche Prinzip und das ist der eigentliche Grund eines christlichen Glaubensoptimismus. Hätten wir nur mit natürlichen Kräften und Faktoren zu rechnen, wäre beim heutigen blutigen Wegwaschen aller Kulturschminke und dem Sichtbarwerden der hässlichen Wirklichkeit jeder Pessimismus begreiflich. Wir wissen aber, dass andere Kräfte zur Verfügung sind, die die Welt erneuern können. Die Kräfte Christi, die in seiner Kirche und überhaupt in den Seinen wirksam sind. Also auch hier wieder »in Christus Jesus«.

So deckt dieser zweite Satz der Bergpredigt nüchtern und unbestechlich die Wirklichkeit auf und zeigt die Wirkung, die dieser Anblick haben muss: Schmerz und Trauer. Er zeigt aber zugleich die Kraft zur Umgestaltung und Neugestaltung und damit die Ursache eines unüberwindlichen Vertrauens und eines sieghaften Optimismus auf: christlicher Glaube, mit dem nüchternen Blick für die Realitäten und mit dem Hinweis auf die Kraft Christi, die alles überwindet. So zeigt dieser Satz der Bergpredigt die klare Linie der katholischen Mitte, die ebenso weit entfernt ist von spielerischem Oberflächenoptimismus wie von weltschmerzlichem, müdem Pessimismus. Jene Linie der Mitte, die um das Hässlichste weiß, um Sünde und Gottferne, und erst recht weiß um das Schönste, um die Überwindung alles Hässlichen durch die Schönheit der Gnade: *abundavit delictum, superabundavit gratia.* Die Gnade Christi ist immer größer und immer stärker als jeder antichristliche Versuch. Wir brauchen diesen christlichen Optimismus gerade heute.

SELIG DIE SANFTMÜTIGEN

Der Christusroman von Lloyd C. Douglas, »Das Gewand des Erlösers«, hatte in Amerika einen unerhörten Erfolg. In sechs Monaten vierzehn Auflagen. Also war jede neue Auflage in vierzehn Tagen vergriffen. Warum wohl? Die Rahmenerzählung ist an sich nichts Neues. Schon Schalom Asch lässt den römischen Zenturio, der bei der Kreuzigung Christi das militärische Kommando führte, das Gesehene berichten und zur entscheidenden Wende seines Lebens werden. Der Gedanke ist also nicht originell. Außerdem stehen in diesem Roman ein paar merkwürdige Dinge, die mit den biblischen Berichten nicht in Einklang zu bringen sind. So wird etwa Matthäus mit Matthias verwechselt. Stephanus ist bei einem Straßenauflauf das Opfer jüdischer Lynchjustiz, während in der Apostelgeschichte ausdrücklich berichtet wird, dass er vor ein reguläres Gericht gestellt worden sei. Nathanael wird zum alten Mann gemacht, der auf einem Bänklein an der warmen Sonne sitzt und nach Christus Ausschau hält. Denn bei der Nachfolge Christi mit den anderen Jüngern zusammen ist ihm im wortwörtlichen Sinn der »Schnauf« ausgegangen. Während das Buch an sich durchaus an der Gottheit Christi festhält, wird dann wieder die Brotvermehrung auf die bekannte rationalistische Weise erklärt. Woher dann der Erfolg des Buches? Das Rätsel löst sich wohl am ehesten in der eigenartigen und unwiderstehlichen, geheimnisvollen Kraft, die von Christus ausgeht. Er tritt in diesem Buch selten auf. Aber er schimmert überall durch. Und er ist gezeichnet als der große Friedensbringer, der Prophet der Liebe. Er ist derjenige, der die Macht überwindet durch Güte, die Gewalt durch Sanftmut, den Kampf durch den Frieden, den Hass durch die Liebe. Er ist die menschgewordene Sanftmut, die lebendige Verwirklichung seines eigenen Bergpredigtwortes: Selig die Sanftmütigen. Und dafür haben offenbar die Menschen heute wieder ein neues Gespür. Man hat nun Jahre hindurch, ja man kann sagen Jahrzehnte hindurch, mit allen Hämmern der Propaganda und der Volkserziehung den stählernen Menschen geschmiedet. Man hat Nietzsches Evangelium vom »Willen zur Macht« in alle Sprachen übersetzt. Man hat immer und immer wieder vom soldatischen Menschen gesprochen, von der harten Generation, vom metallischen Wesen, vom neuen Menschen mit dem scharfen Profil. Vom Volk, das in Härte sein Schicksal meistert und allen Stürmen trotzt, alle Kämpfe überdauert bis fünf Minuten nach zwölf. Der klassenbewusste Proletarier, der arbeitende Mensch an den ratternden Rädern und donnernden Motoren, der Sportsmensch mit dem harten trainierten Körper, der Mensch der Herrenrasse, der in herrischem Wesen die Sklavenvölker bändigt, der Mensch mit dem Stahlhelm, der alle Weichheit verspottet, war das, was in allen Tonarten immer wieder als Forderung der neuen Zeit aufgestellt wurde. Heute ernten wir, was die Volksverführer gesät haben: ausgebombte Häuser, ausradierte Städte, rauchende Ruinen alter Kulturzentren, Berge von Leichen, überfüllte Lazarette, Millionen von Krüppeln, Riesenstrecken verbrannter Erde und ein ganzer Kontinent verwüstet. Herrliche Werke der Kultur unwiederbringlich dahin. Seit mehr als fünf Jahren hören wir nun mehrmals täglich die gleiche monotone Stimme mit ihren Berichten über die Zahlen abgeschossener Bomber, eroberter Städte, gefangener Menschen und toter Leiber. Die Welt hat genug. Mehr als genug! Eine unendliche Sehnsucht bricht auf nach ihm, der von Frieden und Liebe gesprochen hat. Man spürt wieder, dass es mit den marschierenden Regimentern allein nicht zu machen ist. Man ahnt wieder, dass der Geist doch stärker ist als die geballte Faust. Rosenbergs Spott über das verweichlichte und verweichlichende Christentum verstummt vor der sittlichen Größe und religiösen Kraft der Millionen von Menschen, die heute im Gedanken an den großen Dulder von Golgotha ihre einzige Kraft finden. Man weiß heute wieder, dass die Seligpreisung der Sanftmütigen nichts zu tun hat mit der dickflüssigen Schwere des Phlegmas, wo doch gerade die echte Sanftmut etwas Zartes, Gelöstes, Bewegliches an sich hat. Man weiß wieder, dass sie etwas völlig anderes ist als biedere Gutmütigkeit, die oft nur den Mangel an Glut und Charaktergröße verbirgt.

Sanftmut ist kein mimosenhaftes Rühr-mich-nicht-an und keine zur Schau getragene Duldermiene. Nichts Sentimentales, in welchem die Lebensuntüchtigkeit zur Tugend gemacht wird. Sondern sie ist das selbstlose, über sich selbst hinauswachsende und gerade darum große und tapfere Jasagen zum Willen Gottes. Das Sichfügen unter den Willen der göttlichen Vorsehung. Das Sicheinschmiegen in das Gesetz und das heilige Wollen Gottes. Die Sanftmut ist der Gegensatz zum Aufbegehren und Um-sich-Schlagen, zum trotzigen Sich-durchsetzen-Wollen, zum brutalen Gebrauch der Ellbogen. Es ist die Verwirklichung jenes anderen Christuswortes: »Vater, nicht wie ich will, sondern wie du willst.« Es ist das stille Schreiten auf dem königlichen Weg des Kreuzes. Es ist tapferes Duldenkönnen ohne Lärm und Geschrei. Es ist die echte seelische Größe dessen, der nicht auf sich und sein kleines Ich schaut, sondern auf Gott und seinen großen heiligen Willen. Alles Verkrampfte, Forcierte und Erzwungene, aller Fanatismus und alles blindwütige Draufgängertum ist mit diesem Wort der Bergpredigt verurteilt. Der Wille zur Macht, die Ausbreitung des Reiches Gottes auf dem Weg der Staatsgewalt und der militärischen Machtmittel ist von Christus in der Wüste als Versuchung des

Teufels zurückgewiesen worden. Der Gottesknecht, wie der Prophet ihn zeichnet, geht still und ruhig seinen Weg. Die Besessenen lärmen. Er schweigt. Aber sein Schweigen redet lauter als das Geschrei der Massen. Und von seiner stillen Gestalt gehen Kräfte aus, wie kein Triumphator sie je besaß, dessen Kommen mit Fanfarenstößen verkündet wurde. Die unwiderstehliche Macht, die von der stillen Sanftmut des Nazareners ausstrahlt, ist das Geheimnis nicht nur dieses Romans, sondern das Geheimnis der Gestalt Christi in den Evangelien.

Aber man darf Christus nicht einseitig zeichnen. Und hier liegt die Gefahr dieses Buches. Es macht aus der Sanftmut Christi einen falschen Pazifismus, der mit dem wirklichen Christus und dem echten Christentum nichts zu tun hat. Douglas lässt den bekehrten Zenturio sagen: »Es wird kein Römisches Reich mehr geben, wenn Jesus herrscht. Die Weltreiche werden einander – und sich selbst zerstört haben. Er hat es geweissagt. Wenn die Welt sich in Kriegen und Sklaverei, in Hass und Betrug völlig erschöpft hat, dann wird er sein Reich des guten Willens errichten.« Es ist das alte Trugbild Tolstois, dass nämlich echtes Christentum überhaupt mit irdischer Macht und infolgedessen mit irdischen Staaten unvereinbar sei. Also ein Christentum, das letztlich alle Ordnungen auflöst, alle Grenzen verschwimmen lässt. Es fließt alles ineinander, in einen träumerischen Pazifismus. Aus dem gleichen Gedanken heraus wird auch die Kirche als Organisation abgelehnt, denn das wäre ja wieder ein Machtgebilde. Douglas lässt den Kaiser ahnungsvoll sagen, sollte das Christentum »so weitergehen, wie es begonnen hat, so gäbe es nichts, was es aufzuhalten vermöchte. Aber es wird nicht diesen Weg einschlagen. Nach einiger Zeit wird es zusammenbrechen. – Sobald die Bewegung eine Machtstellung erringt und stark genug ist, um äußerlich zu herrschen, dann wird ein kleinlicher Streit um die Ämter und die Beute beginnen. Und mit dem Anwachsen an

Macht und Gebiet wird die Sache die innere Kraft einbüßen. Der Christ zu Fuß ist unbesiegbar – aber wenn er zu Ross steigt – dann ist er so rücksichtslos wie ein anderer Reiter. Die Armee Jesu muss Fußvolk bleiben, wenn sie etwas erreichen will.«

Wir kennen die Gefahr dieser Schalmeien. Unter dem Schein des Guten verbirgt sich hier ein Pseudochristentum. Gerade hier zeigt es sich, dass das Leben und Beispiel Christi selbst der beste Kommentar zu den Christusworten ist. Denn der gleiche Christus, der die Sanftmut predigt, kann mit unerhörter Schärfe und Kraft gegen seine Feinde auftreten. Er nennt sie übertünchte Gräber, Schlangenbrut und Natterngezücht. Den König Herodes nennt er einen Fuchs. Die feilschenden Händler und Trödler wirft er mit Peitschenhieben und Fußtritten aus dem Vorhof des Tempels. Nirgendwo verkündet er die Aufhebung oder Auflösung staatlicher Macht. Er fordert im Gegenteil, dass man dem Cäsar gebe, was des Cäsars ist. Er anerkennt Pilatus und spricht sogar das große Wort, dass ihm die Macht von oben gegeben sei. Von keinem Soldaten und römischen Offizier hat er gefordert, dass er sein Schwert niederlegen müsse. Wenn man Einzelworte des Evangeliums isoliert und dann darauf eine Ethik aufbauen will, kommt man zu Überspitzungen und Einseitigkeiten, die in ihrer Auswirkung wesentlich destruktiv sind. Christus hebt die Schöpfungsordnungen nicht auf. Darum lässt er den Staat gelten und weiß um die Notwendigkeit politischer und staatlicher Macht. Nirgendwo hat er verkündet, dass das Reich Gottes, das er bringt, staatlich-irdischen Reichen ein Ende bereite. Selbst seine Kirche soll Macht haben. Bevor er die Seinen ausschickt, spricht er das gewaltige Wort: »Mir ist alle Macht gegeben im Himmel und auf Erden. Gehet darum hin, hinaus in alle Welt.« Ausdrücklich gibt er seinen Jüngern Rechtsgewalt, die Vollmacht, zu binden und zu lösen. Er hat seiner Kirche eine klare, organisatorische Struktur gegeben mit der Autorität der zwölf und an ihrer Spitze den einen Simon Petrus. Also die Kirche als Institution mit Bischöfen als Nachfolger der Apostel und dem *Summus Episcopus* (»Papst als oberstem Bischof«, Anm. d. Verl.) als Nachfolger des Simon Petrus. Eine Hierarchie, die mit Vollmachten und Rechtstiteln ausgestattet ist. Wer diese Texte aus dem Evangelium streichen will, verfälscht das Bild Christi und seines Werkes. Wir dürfen nicht aus irgendeiner Effekthascherei oder um einer augenblicklichen Stimmung entgegenzukommen das Bild Christi verzeichnen. Sondern wir müssen den ganzen Christus verkünden, also auch die Lehre seiner Sanftmut, aber zugleich die gottgewollten Grenzen oder besser die gottgewollte Art und Gestalt dieser Sanftmut aufzeigen. Nur wer beides sieht, kann die wirkliche Größe Christi und damit auch ein Christentum, das nicht bloß schöner Zukunftstraum, Fata Morgana eines Träumers, sondern ein unerhört starkes, großes und kühnes Ideal ist, auf dieser harten Erde und im Raum dieser Zeitlichkeit in Angriff nehmen und durchführen. Es ist Zeit, dass wir einer verführten und genarrten Menschheit die Größe der Sanftmut wieder zeigen. Aber nicht in rührendem Pazifismus, sondern in der wirklichen Größe Christi, dessen Jawort zum Willen des Vaters sich gegen allen Widerstand durchsetzt und Hass und Tod überwindet.

VOM HUNGER NACH GOTT

Gott allein ist gerecht. Und nur das Reich Gottes ist das Land der Gerechten. Hunger und Durst nach der Gerechtigkeit ist darum die brennende Sehnsucht, das verzehrende Verlangen, das ruhelose Drängen zu Gott hin.

Es ist erstaunlich, wie selten man Menschen begegnet, die nach Gott hungern. An sich ist doch der Mensch auf Gott hin geschaffen. Darum kann ihn letztlich nichts ausfüllen, befriedigen und sättigen außer Gott. Wie kommt es dann, dass er nicht nach Gott hungert?

Ein erster Grund ist die stumpfe *Gleichgültigkeit* der großen Masse. Man hat ihr das Organ für alles Übersinnliche verkümmern lassen. Das Religiöse interessiert diese Menschen gar nicht. Sie stoßen in ihrem Leben kaum oder höchst selten auf die religiöse Frage, fühlen sich dann unsicher, ziehen sich zurück, weichen aus oder helfen sich mit irgendeinem Schlagwort über die Peinlichkeit des Augenblicks hinweg. Die atheistische Propaganda hat sie derart platt gehämmert, dass sie für etwas Höheres gar nicht mehr empfindlich und empfänglich sind. Außerdem hat sie der heutige Lebensrhythmus mit seinem übersetzten Tempo in derart tolle Wirbel hineingerissen, dass sie gar nicht mehr zur ruhigen Besinnung kommen können. Dazu leben sie in einer Welt voll schreiender Töne, greller Farben und sich jagender Bilder, sodass das Wort Gottes darin kaum mehr vernehmbar ist. Es fehlt also das Organ, die Zeit und der Raum für die religiöse Frage. Muss man sich wundern, dass sie nicht mehr nach Gott hungern? Nur gelegentlich, bei den seltenen Menschen, die irgendwo noch den

Sinn für Größe und für wirkliches Leben gerettet haben, bricht dann und wann mit elementarer Gewalt der Schrei des Herzens auf. Angeekelt wenden sie sich vom tollen Drum und Dran ab, um endlich das eine Notwendige zu suchen und zu finden. Aber die Menschheit hat bereits Vorkehrungen getroffen, um sich gegen diese »schwachen Augenblicke« zu sichern. Man nennt dieses Aufblitzen klarer Erkenntnis, dieses Sichaufbäumen eines gesunden Lebenswillens und dieses Verlangen nach Letztem und Größtem, nach Absolutem und damit eben nach Gott einen »Moralischen«, einen Schwächeanfall, ein Versagen, kurz, man versieht es mit einem Minuszeichen und hat damit einen Blitzableiter gefunden, der die »Gefahr« des Einschlages bannt.

Ein zweiter Grund sind die *religiösen Surrogate*, die verschiedenen Ersatzmittel für Gott. Seitdem das Abendland sich vom lebendigen Gott abgewandt hat, schafft es reihenweise tote Götzenbilder. Seitdem der Glaube durch das Portal der abendländischen Kultur ausgezogen ist, steigt der Aberglaube durch alle Fenster herein. Bei den einen ist das Surrogat ganz primitiver Materialismus. Es ist erschreckend, wie beispielsweise in den Lebenserinnerungen des kürzlich verstorbenen kommunistischen Arztes Bruppacher dieser Materialismus mit einer brutalen und zynischen Offenheit zutage tritt. Dabei wollen wir aber den vielen um ihr Existenzminimum kämpfenden Menschen Gerechtigkeit widerfahren lassen. Wenn sie in einer Gesellschaftsordnung leben, die ihnen nur das Minimum gewährt und häufig auch dieses verweigert, so brauchen diese Menschen natürlich alle Kraft ihres Denkens, Wollens und Schaffens, um sich wenigstens die Existenzbasis von Tag zu Tag zu sichern. Der körperliche Hunger nach Brot ist etwas so Unwiderstehliches, Bohrendes, Schreckliches, dass der Mensch an nichts anderes mehr denken kann als an die Stillung dieses Hungers. Wer nicht mithilft, dem Hungernden

Brot zu geben, hat kein Recht, ihm vom Hunger nach Gott zu reden. Aber außer diesen wirklich Notleidenden gibt es eine große Masse von Menschen, deren Leben im Wesentlichen gesichert ist, zumal in unserem Land, und die trotzdem an nichts anderes denken als an Essen und Trinken, Vergnügen und Sexualität. Der göttliche Funke ist erloschen. *Panem et circenses* (»Brot und Spiele«, Anm. d. Verl.) ist der einzige Ruf, den sie erheben.

Andere tragen wenigstens noch einen Durst in ihrer Seele. Es ist irgendein Ideal, nach dem sie streben: die Wissenschaft, die Kultur, der Fortschritt, Ehre und Erfolg, Karriere, Macht, Politik, das Vaterland, Rekorde auf irgendeinem Gebiet usw. All diese Dinge, die an ihrem Platz berechtigt sind, füllen bei diesen Menschen den ganzen Raum aus. Sie sind das Letzte, hinter dem es nichts mehr gibt. Das Höchste, über das man nicht mehr hinausschaut. Sie sind Götzen am Platze Gottes. Durch die Surrogate hat der Geist den Geschmack am Echten verloren. Gott ist ihnen nichts mehr, weil die Götzen ihnen alles sind.

Es gibt aber noch einen dritten Grund: die *falsche Frömmigkeit* christlicher Kreise. Es sind die Menschen, die nicht nach Gott hungern, weil sie von Gott gesättigt sind. Die christlichen Spießer, die aus dem lebendigen Gott der Bibel den »lieben Gott« des bürgerlichen Zeitalters gemacht und das Kühne, Wagende, Lodernde des Christentums zu einer kleinbürgerlichen Angelegenheit entstellt haben. Sie sind geistig gesättigt, denn sie haben für das unbekannte X, das nun einmal in allen Rechnungen unseres Geistes steht, einfach den Wert »Gott« eingesetzt und damit wähnen sie alles gelöst und beantwortet. Es ist oft genug eine billige Lösung, wo sie doch in Wirklichkeit die Bedeutung des Gottesglaubens für die Beantwortung der verschiedenen Fragen und Probleme in keiner Weise erkannt und zu Ende gedacht haben. Gott ist dann einfach ein

Deus ex Machina (»unerwarteter, im richtigen Moment auftauchender Helfer in einer Notlage«, Anm. d. Verl.), der als Kurzschlusslösung ein billiges Happy End herbeiführt, um der Tragik der Geschehnisse ihren Ernst und ihre Wucht zu nehmen. Sie liefern das Christentum der Lächerlichkeit aller Denkenden aus und wähnen sich dabei noch groß und klug. Sie sind überzeugt, dass der Katholizismus ein geschlossenes Weltbild biete. Was soll man da den Einzelfragen noch lange nachgehen? Wären sie wirkliche Christen, so müssten sie sich sagen, dass diese Natur mit ihren Rätseln und Wundern als *revelatio naturalis* Sprache Gottes ist und dass man infolgedessen kein Wort dieser Sprache fallen lassen darf, sondern dass man diesen geheimnisvollen Zeichen mit dem unerbittlichen Ernst eines wirklich Fragenden nachgehen muss. Wenn alles Spuren Gottes sind, dürfte uns nichts abhalten, mit suchender Seele diesen Spuren zu folgen. Wenn wir in den Gesetzen und der Ordnung der materiellen und der geistigen Natur das Abbild der Weisheit Gottes finden, müssten wir in wissenschaftlicher Forschung diesen Gesetzen nachspüren und sie klar herausstellen, um damit die Größe der Weisheit Gottes immer heller aufleuchten zu lassen.

Diese Menschen sind auch sittlich gesättigt. Sie haben die Lehre von der Gnade, Güte und Barmherzigkeit Gottes aufgenommen. Aber sie überhören die anderen Christusworte vom schmalen und steinigen Weg, von der engen Pforte, die Forderung, dass man suchen müsse, um zu finden, klopfen müsse, damit aufgetan werde. Die Unruhe zu Gott ist bei ihnen in einen gefährlichen Ruhestand versetzt. Neben der Demut, welche die eigene Unfähigkeit eingesteht, vergessen sie, dass Christus hinzufügt: »Wenn ihr alles getan habt, dann sagt: Wir sind unnütze Knechte.« Wir dürfen nicht auf das Wort »unnütz« pochen, solange wir nicht versuchen, »alles« zu tun. Sie verlassen sich auf das Wort Christi, dass man nicht ängstlich fragen soll: Was werdet ihr essen, womit euch bekleiden? Sie verlassen sich auf das Christuswort, dass der Vater im Himmel für die Menschen mehr sorgt als für die Vögel des Himmels und die Blumen des Feldes. Sie vergessen aber dabei, dass die Sorglosigkeit dem Irdischen gegenüber nur verkündet wird, damit der Weg frei werde für das sorgende Suchen nach Gott. Christus will die Schlackenhaufen wegschaffen, damit das verzehrende Feuer der Gottessehnsucht wieder aufflamme. Er will den Schutt wegschaufeln, damit die Wasser wieder frei strömen können. Zur Statik der unverrückbaren Grundsätze muss die Dynamik lebendigen Strebens kommen. Dieses satte, geruhsame, gesicherte Christentum ist eines der größten Hindernisse für den Hunger und den Durst nach Gott. Wenn diese Menschen in den Gottesdienst gehen, blättern sie in ihrem Gebetbuch, um ein paar harmlose Formeln zu sprechen, singen den 23. Psalm: »Gott ist mein Hirte, nichts wird mir mangeln«, und gehen ruhig und befriedigt wieder nach Hause. Vom stechenden Hunger und vom brennenden Durst nach Gott wissen sie nichts. Dieses saturierte Christentum ist eines der größten und gefährlichsten Hindernisse für den Hunger und den Durst nach Gott.

All dem gegenüber fordert Christus in der Bergpredigt, dass wir nach Gott hungern. Die Magnetnadel darf nicht aufhören zu oszillieren, bis sie gänzlich in der Richtung des Pols steht. Die Unruhe zu Gott muss uns aus aller falschen Befriedigung, trägen Lethargie, faden Indifferenz herausreißen, muss uns von allen falschen Ruhebänklein aufscheuchen. Das *Beati possidentes* (»Glücklich die Besitzenden«, Anm. d. Verl.) muss überwunden werden durch das *Beati esurientes* (»Glücklich die Hungrigen, Anm. d. Verl.). Nicht der Satte wird seliggepriesen, sondern der Hungernde. Man darf sich nie zufriedengeben mit dem Erreichten. Muss nach immer neuen Gestaden Ausschau halten, zu immer neuen Gebirgen schreiten. Darf das Tempo seines Lebens nicht verlangsamen, sondern muss es ständig beschleunigen wie der Stein beim freien Fall. Das ist nicht ein freventliches Greifen nach Gott. Kein gewaltsames Erzwingenwollen. Sondern es ist das immer stärkere Angezogenwerden vom Magneten, das immer raschere Fließen der Wellen zum göttlichen Abgrund hin. Es ist die unwiderstehliche und durch nichts aufzuhaltende Sehnsucht nach der ewigen Liebe. Dieses Christuswort vom Hunger nach Gott ist ein Herausholen des Menschen aus der Gartenlaube seines gutbürgerlichen Lebens. Ist der Ruf zur Höhe, fort aus dem gemütlichen Feld-, Wald- und Wiesen-Christentum. Ist die Forderung christlicher Dynamik, ganzen Einsatzes, ruhelosen Suchens, rastlosen Wanderns, ständig neuen Fragens und immer größeren Wagens.

So werden die falsche Ruhelosigkeit des modernen Menschen und die falsche Ruhe des verbürgerlichten Christen durchbrochen und überwunden durch das lodernde Christuswort vom Hunger nach Gott.

SELIG DIE BARMHERZIGEN

Es gibt Christusworte, von denen eine besondere Kraft ausging und immer wieder ausgeht. Dahin gehört das Papstwort: »Du bist Petrus, der Fels, und auf diesen Felsen will ich meine Kirche bauen.« Es hat das steinerne und das geistige Sankt Peter geschaffen, Glanz und Größe, Machtfülle, bewegte Geschichte und immer neue Triumphe des Papsttums. Dahin gehört das Missionswort: »Gehet hin in alle Welt und lehret alle Völker!«. Es hat Hunderttausende von Männern und Frauen in ferne Lande geführt und die Missionsfront aufgebaut, vom nordischen Alaska bis zu den Inseln der Südsee. Dahin gehört das liturgische Wort: »Nehmet hin und esset! Das ist mein Leib, der für euch dahingegeben wird. Tut dies zu meinem Andenken.« Es hat den katholischen Gottesdienst geformt mit seinen Altären und Blumen und Kerzen, mit dem Reichtum der Paramente, mit den Tonwerken genialer Künstler, mit der Herrlichkeit des Fronleichnamstages, mit Prozessionen, Volksandachten und der Majestät des gregorianischen Chorals. Dahin gehört das Wort der Aszese: »Willst du vollkommen sein, gehe hin, verkaufe alles, was du hast. Dann komm und folge mir nach.« Es hat das katholische Ordenswesen geschaffen, die stillen Klöster, die Stätten des Gebets und der Buße, die immer neuen Armutsbewegungen, die Hilfstruppen der streitenden Kirche, die heroische Hingabe im freiwilligen Opfer.

Ein derartig schöpferisches Wort steht auch mitten in der Bergpredigt. Das Wort der Caritas: Selig die Barmherzigen! Es hat in Verbindung mit seiner Illustration in der Parabel vom barmherzigen Samariter gewaltige Werke der Nächstenliebe geschaffen. Es ist die *Magna Charta* der christlichen Caritas auf allen Gebieten des Lebens.

Christus zeigt auch den Quellgrund, aus dem die hellen, belebenden Wasser des Wohltuns fließen sollen: »Sie werden Barmherzigkeit erlangen.« Der Grund ist also nicht irgendeine Sentimentalität, eine Stimmung oder oberflächliche Humanität, sondern der Grund liegt in Gott selbst. Der gläubige Mensch ist ein Realist. Er lässt sich nicht durch Fassaden täuschen und hört nicht auf trügerische Stimmen, welche die Dinge verharmlosen, sondern er kennt die menschliche Wirklichkeit und nennt sie nüchtern beim Namen: Sünde. Darum weiß er sich Gott auf Gnade und Barmherzigkeit ausgeliefert. Er kann Gott gegenüber auf nichts pochen, nicht auf Gaben des Geistes, nicht auf sittliche Leistungen und Taten, nicht auf irgendeinen Rechtstitel. Er kann nur auf die Barmherzigkeit Gottes hoffen, also Appell ans Herz Gottes. Der Mensch kann aber nicht für sich Erbarmung verlangen und zugleich gegen andere erbarmungslos sein, sonst würde er eine erbärmliche Figur abgeben. Er kann nicht herzlos sein und zugleich vom Herzen Gottes Barmherzigkeit erwarten. Was er empfängt, soll er weitergeben, und weil er weitergibt, wird er empfangen. Das ist der Kreislauf und die Wechselwirkung religiösen Empfangens und Gebens von Barmherzigkeit.

Diese Forderung des Christentums hat ungeheure Wirkungen. Sie hat Spitäler gebaut. Der Name Hospital zeigt ja schon, dass man den Kranken als Gast betrachtet, den man um Christi willen freudig aufnimmt. Dieses Wort hat Lazarette gegründet. Dieser Name erinnert an den armen Lazarus, an dessen Schicksal der Christ nicht als reicher Prasser unbeteiligt sein darf. Aller Dienst am Kranken, als Arzt oder als Pfleger, ist Werk der Barmherzigkeit, wenn er richtig geleistet wird. Er trägt darum mit Vorzug den Samariternamen, jenes Helfers, den Christus in seiner unsterblichen Parabel gezeigt hat. Zu den Kranken kommen die Armen. Das Wort Almosen stammt aus dem Griechischen und heißt zu Deutsch: Barmherzigkeit. Wenn wir im *Kyrie eleison* der Messe jenes gleiche Wort gebrauchen, muss es uns daran erinnern, dass wir die Barmherzigkeit, die wir von Gott erflehen, auch denen erweisen, die sie von uns erwarten.

Von allen Seiten wird heute an den Geist christlicher Hilfe appelliert: Schweizerspende, Opferwoche, Abzeichenverkauf für alle möglichen wohltätigen Institutionen. Es ist gut so. Wer ein offenes Herz hat, muss auch eine offene Hand haben. Materielle und finanzielle Hilfe gehört wesentlich zur Barmherzigkeit. Wir dürfen nicht im sicheren, behaglichen Haus wohnen, ohne uns um die Hunderttausende Ausgebombter, Kriegsgeschädigter, Heimgesuchter zu kümmern: Unterstützung des Caritasverbandes und all seiner Werke, Sorge für die Emigranten, Aufnahme von verwaisten französischen Kindern, Hilfe für die Flüchtlinge, Mitarbeit beim Roten Kreuz, Sorge für die Invaliden, die Blinden, die Taubstummen usw. All das gehört in diese Seligpreisung der Bergpredigt. Es kann nicht jeder alles tun. Aber wenn jeder etwas tut, kann allen geholfen werden.

Aber wir müssen den Rahmen noch weiter spannen. Zur Barmherzigkeit gehört die ganze soziale Arbeit. Die Mithilfe an der Erneuerung der menschlichen Gesellschaft. Der Einsatz dafür, dass der Arbeiter für sich und seine Familie einen Lohn hat, der ihm das Leben ohne drückende und zermürbende Sorgen ermöglicht. Die Mitarbeit zur Gestaltung eines wirtschaftlichen Lebens, in welchem die Entproletarisierung durch die Schaffung privaten Eigentums ermöglicht wird.

Es gibt aber auch eine geistige Barmherzigkeit. Denn der Mensch lebt nicht vom Brot allein. Die Sorge für Einsame, Verlassene, Entrechtete und Entwurzelte. Die Arbeit für Gefährdete und Gefallene. Die geistige Hilfe für Suchende und

Fragende. Alle Bemühungen um geistige Klärung, um die Überwindung falscher Ideen und Philosophien, welche die Welt revolutionieren. Der rastlose Einsatz für die Verbreitung christlichen Ideengutes, die Verkündigung des Gotteswortes, die Geltendmachung der Wahrheit, all das ist, wenn es im rechten Geist geführt wird, geistiger Samariterdienst.

Wenn wir Auge, Hand und Herz öffnen für die Not der Mitmenschen und geben, ohne zu zählen, ist alles, was wir schenken, immer noch überhaupt nicht in Vergleich zu bringen mit dem, was wir empfangen. Unser Geben ist nur ein Weiterschenken dessen, was uns geschenkt wurde. Es ist das Wunder der Brotvermehrung, das sich durch unsere Hände vollzieht, das aber letztlich von Christus, dem einzigen Wundertäter, vollbracht wird. Wir sind bei allem Geben und Schenken nur Kanäle, welche die Wasser weiterleiten, die aus den Quellen Gottes in sie hineinströmen.

Barmherzigkeit materieller und geistiger Hilfe ist gerade dadurch aber auch Wegbereitung für das Reich Gottes, Herold des Christentums. Es ist Pflug, der die harte Scholle aufbricht und sie erst für den Samen des Gotteswortes empfänglich macht. Es ist Frühlingshauch und warme Sonne, die das Eis verhärteter Menschen zum Schmelzen bringt. Es ist geheimnisvoller Schlüssel, der verschlossene Tore öffnet. Es ist lebendige Apologie der verleumdeten und verlästerten Kirche. Es ist Gestaltwerdung der Frohbotschaft, Freude weckend und Freude empfangend. Denn Geben ist seliger als Nehmen.

Noch vor kurzer Zeit stand die Barmherzigkeit nicht hoch im Kurs. Man pries die Härte. Man verschrie die Caritas als lähmende Weichheit. Rosenberg schrieb im »Mythus des 20. Jahrhunderts«, das christliche Mitleid habe die menschliche Gesellschaft zersetzt und alles Kranke, Schwache, Faulende hochgezüchtet, bis unter seinem Wuchern das Gesunde und Starke verkümmert sei. Heute wissen wir, wohin diese Härte geführt hat. Sie hat Millionen von Menschen erschossen, vergast, gehängt, verhungern und erfrieren lassen. Sie hat Spitäler und Lazarette mit Kranken und Krüppeln überfüllt. Hat Hunderttausende vom heimischen Boden vertrieben und gewaltsam deportiert oder in die Emigration gejagt. Hat Städte zerstört, Häuser verbrannt und mit der Taktik der versengten Erde ganze Länder verwüstet. Und was schlimmer ist: Sie hat den Glauben, die Hoffnung und die Liebe aus den Seelen gerissen und die Menschen mit leeren Händen und leeren Herzen der Verzweiflung überliefert. Jetzt hat die Stunde der Barmherzigkeit geschlagen. Brennende Augen halten nach ihr Ausschau. Verzweifelte Hände strecken sich nach ihr aus. Es ist die Stunde des Christentums, das überall wieder das heilige Feuer entfachen und das segnend, helfend und heilend durch unseren verwüsteten Kontinent schreiten muss. Härte schlägt Wunden und reißt nieder. Die Barmherzigkeit heilt und baut auf. Darum: Selig die Barmherzigen, gerade heute, in der Zeit der Not.

SELIG, DIE REINEN HERZENS SIND

Mit dem Christuswort »Selig, die reinen Herzens sind« ist keineswegs in erster Linie etwas Sexuelles gemeint. Die sexuelle Frage spielt im Evangelium eine ganz untergeordnete Rolle. Sie tritt neben dem Glauben und der Liebe völlig zurück. Mit dem reinen Herzen sind vielmehr die Menschen gemeint, deren innerer Blick ungetrübt auf Gott gerichtet ist. Also die Menschen der inneren Klarheit eines lauteren Charakters. Es sind die Menschen, die sich durch nichts den Blick auf das Letzte, auf Gott, trüben lassen. Die somit im Leben keinerlei Nebenabsichten haben. In nichts etwas anderes suchen als Gott, also nicht den eigenen Vorteil oder Gewinn, nicht Geld, Macht, Ehre, Anerkennung, Lohn und dergleichen. Der Spiegel ihrer Seele soll keine Flecken haben. Das Bild darf durch nichts verdunkelt werden. Nicht durch die Triebhaftigkeit, nicht durch falschen Ehrgeiz, nicht durch Verfolgung egoistischer Zwecke usw. Sexuelle Unlauterkeit gehört auch dazu, aber nicht sie allein. Der ganze Mensch soll ungetrübt sein. Darum ist an diese Seligkeit auch die Verheißung geknüpft: Sie werden Gott schauen. Wenn das innere Auge ungetrübt ist, kann es am leichtesten befähigt werden, Gott zu schauen. Es geht um die Geradlinigkeit und Durchsichtigkeit der seelischen Struktur. Menschen vom Schlag eines Aloisius von Gonzaga, der sich immer wieder die Frage stellt: »Was nützt es mir für die Ewigkeit?« und der sich den Wahlspruch erkoren hat: *recte et immobiliter* – geradeaus und durch nichts zu bewegen, von dieser geraden Linie abzuweichen. Es ist etwas unerhört Großes um Menschen, die keinerlei Nebengeräusche haben, keine versteckten Nebenabsichten verfolgen, von ihrem Weg nie abbiegen und ausweichen, keine verschlungenen Pfade oder unruhigen Zickzackkurs einhalten, sondern in selbstverständlicher Größe und Kraft unbeirrt auf ihr letztes Ziel zuschreiten. Es ist die Einfalt des Herzens, das nicht in vielen Falten alles Mögliche eingewickelt hat und verbirgt, sondern dessen Absichten klar zutage liegen, ohne dass daraus ein Hehl gemacht wird. Diese Seligpreisung ist der Gegensatz zu diplomatischen Kniffen und Bauernschläue, zur Hinterhältigkeit und Zwiespältigkeit, zum Tun-als-ob, zu jedem Täuschungsmanöver und allen raffinierten Verstellungskünsten.

Wer diesem Christuswort folgt, ist für die Welt der reine Tor. Sie mag seine Reinheit, also die Lauterkeit seines Charakters anerkennen. Aber sie betrachtet ihn als Toren, somit als lebensuntüchtigen Menschen. Das Wort klingt in der Tat weltfremd. Ein Beweis, wie fremd die Welt dem Geiste Christi geworden, wie weit sie von ihm abgerückt ist. Im Geschäftsleben gilt die Reklame, die nur die Vorteile der Ware herausstreicht und selbstverständlich die Nachteile verschleiert oder leugnet. Gewinnung des Kunden um jeden Preis ist das Ziel. Nur ein Naiver darf ihrem Wort Glauben schenken. Nur die Unschuld vom Lande fällt darauf herein. Man hat eine doppelte Buchführung, um die Wirklichkeit den Augen des Fiskus zu entziehen und sie vor jedem zu verschleiern, dem man keinen Einblick gewähren will. Der Geriebene, Gerissene und mit allen Wassern Gewaschene ist vielfach der Geschäftstüchtige. Im gesellschaftlichen Leben gehört es als selbstverständlich zum guten Ton, Höflichkeiten zu sagen, an die man nicht glaubt, Komplimente zu machen, die einem nicht ernst sind, aus Konvention künstliche Fassaden zu errichten, damit die wirklichen Gedanken verborgen bleiben. Im politischen Leben soll der Diplomat seine eigentlichen Absichten und diejenigen seiner Regierung verbergen, wohl aber durch Gewandtheit die

Absichten des Partners möglichst zu erkennen suchen. Selbst im religiösen und kirchlichen Leben sind allzu viele Nebentöne hörbar. Wohltätigkeitsbestrebungen und -unternehmungen sind von Eitelkeit, Selbstgefälligkeit und Selbstsucht begleitet. Da und dort ist es sogar Gewinnsucht, die durch den guten Zweck nur mühsam verdeckt wird. Devote Ehrfurcht gegenüber Höhergestellten verbirgt sorgfältig die scharfe Kritik, die hinter verschlossenen Türen geübt wird, wenn man unter seinesgleichen ist.

So scheint die christliche Haltung im heutigen Leben nicht bestehen zu können. Man darf aber auch hier das eine Christuswort nicht als allein bestehend hinstellen. Christus redet auch von der Klugheit der Schlangen, die wir haben müssen. Er verlangt nirgendwo, dass wir all unsere Dinge zu Markte tragen. Er spricht ja auch von den Perlen, die man den Schweinen nicht vorwirft, und verlangt, dass man das Heilige nicht den Hunden preisgebe (Mt 7,6). Es gibt eine persönliche Diskretion, ohne die das Zusammenleben unmöglich wird. Und es ist die Pflicht des Arztes, des Richters, des Anwaltes, des Geschäftsmannes, das Berufsgeheimnis zu wahren. Und es ist die heilige Aufgabe des Priesters, das Siegel des Sakramentes nicht brechen zu lassen. Nur wer den ganzen Christus und seine ganze Lehre nimmt, wird die Einzelworte richtig erklären und anwenden. So gesehen und in den Zusammenhang des Ganzen gestellt, ist aber gerade die Forderung des reinen Herzens und lauteren Charakters das Aufzeigen eines Ideals, dessen wir heute besonders bedürfen. Aus aller Hinterhältigkeit, Unwahrheit und trügerischem Schein, aus allem Falschen, Lügnerischen kommen wir nur heraus, wenn die Menschen ihren Blick klar auf Gott richten. Mit solchen Menschen ist das Leben leichter zu gestalten. Man weiß bei ihnen, woran man ist. Ihr Ja ist ein Ja, ihr Nein ist ein Nein. Man kann sich auf ihr Wort verlassen. Ihre Aussagen sind richtig. Abmachungen mit ihnen haben Gültigkeit. Man muss bei Besprechungen nie fürchten, von ihnen übertölpelt, hintergangen und überlistet zu werden. Es sind Menschen goldlauteren Charakters, wirklich reinen Herzens. Vor allem aber hat das Leben solcher Menschen den eigentlich religiösen Wert. Sie halten an dem Weg zu Gott hin unverrückbar fest, bauen alles in die große, gottgewollte Struktur ihres Lebens ein, um in allem nicht sich zu suchen, sondern Gottes strahlende Herrlichkeit. Wenn Ignatius von Loyola in seinem Exerzitienbuch immer wieder fordert, dass die Absichten des Menschen *pure et unice*, also rein und ausschließlich auf Gott gerichtet sein sollen, so ist das nur eine andere Formulierung der Herzensreinheit, von der die Bergpredigt spricht. Gerade der Mensch, dessen Blick immer und rein auf Gottes Willen und Gottes Verherrlichung gerichtet ist, wird der eigentliche Lebenstüchtige sein. Denn er baut nicht Kartenhäuser selbst gewählter Ziele, sondern er arbeitet am gewaltigen Dom Gottes, dessen Errichtung der Sinn der Weltgeschichte und dessen Förderung der Sinn eines jeden Menschenlebens ist. Denn nur im geistigen Tempel Gottes findet der Mensch sein Glück. Darum steht auch vor dieser Forderung Christi nach Reinheit des Herzens die Verheißung der Seligkeit.

SELIG, DIE FÜR DEN FRIEDEN WIRKEN

Der Lobpreis derer, die sich für Frieden einsetzen, sollte unserer Generation aus dem Herzen kommen. Denn wir haben zwei Kriege erlebt von einem Ausmaß, wie sie nie zuvor in der Weltgeschichte stattgefunden haben. Wir wissen vom Ersten Weltkrieg um die Berge von Leichen bei Verdun, Douaumont, an der Somme. Wir wissen um die Erfrorenen auf den russischen Steppen, um die Massengräber in flandrischer Erde. Um das Grauen des Gaskrieges und um die innerpolitischen Folgen des Zusammenbruchs. Um den Spartakusaufstand, um Bela Kuhn, Kurt Eisner usw. Wir kennen aus diesem Zweiten Weltkrieg die Szenen von Dünkirchen und von Stalingrad, die Gräuel von Oradour und Maidanek. Die Verwüstungen bombardierter Städte. Foltermethoden der GPU und Gestapo. Geiselerschießungen, Deportationen, Gefangenenelend, Hunger, Flüchtlingsschicksale.

Man wird uns nichts mehr vom »frisch-fröhlichen Krieg« vormachen können. Wir werden an den Krieg als »Stahlbad der Nation« nicht mehr glauben. Und solange der heldische Mensch nur aus Nietzsches »Willen zur Macht« geboren wird oder aus Hegels Staatsvergötterung, ist er uns nicht ein Ideal, sondern eine Gefahr.

Nach diesem Krieg wird wieder, wie nach dem letzten, eine pazifistische Welle über die Völker spülen. Wenn der Friedensgeist aber nur eine Schöpfung der Sentimentalität ist, eine instinktive Abkehr vom Grauen des Krieges, so wird er schon bei der nächsten Generation, die die Dinge nur noch vom Hörensagen kennt, keine Wirkung mehr haben. Ist der Pazifismus nur auf allgemeiner Humanität aufgebaut, so läuft er wiederum Gefahr, dass man die Mauern des Humanitätsstempels nur benutzt, um dahinter in der Verborgenheit auf den neuen Krieg zu rüsten oder mit humanitärer Pazifistenmelodie harmlose Gemüter einzuschläfern, damit sie nicht hören, wie in der Waffenschmiede gehämmert wird. Und doch müssen alle Kräfte für den Frieden mobilisiert werden. Aber für einen Frieden, der ein tragfähiges Fundament hat. Einen solchen Frieden will Christus schaffen.

Es ist in erster Linie *der Herzensfriede im Inneren*. Er verspricht einen Frieden, den die Welt nicht geben kann und den er den Seinen gibt und hinterlässt (Joh 14,27). Also ein Geschenk, das von Gott stammt: die Gnade Gottes in der Seele. Der Kampf gegen die Sünde und die Rebellion ungezügelter Triebe endet nicht durch menschliche Energie in einem Sieg, sondern durch die Gnade Gottes. Durch sie weiß der Christ sich im Letzten geborgen. Und das gibt ihm das innere Lächeln, und wär's auch unter Tränen. Die innere Ruhe, auch wenn's ringsum wirbelt und stürmt. Das Einhalten des richtigen Kurses, auch wenn das Lebensschiff durch stürmische Meere fährt. Friede ist Ordnung in ruhigem Besitz. Wenn der Mensch durch die Gnade im richtigen Verhältnis zu Gott steht, hat er die rechte Ordnung. Und wenn er diese Ordnung durch die Verbundenheit mit Gott zu dauerndem Besitzstand macht, hat er den inneren Frieden.

Es geht bei Christus, dem »Friedensfürsten«, aber auch um den Frieden in *der äußeren Welt*, also um den sozialen und politischen Frieden. Das Leben unserer Staaten ist erschüttert durch Lohnkämpfe, Klassenkämpfe, Wirtschaftskämpfe. Wer für den sozialen Frieden arbeiten will, muss auch auf diesem Gebiet die richtige Ordnung zu einem Dauerzustand zu machen suchen. Ordnung ist aber nicht dort, wo eine Klasse die andere vergewaltigt, also nicht in der Herrschaft der Unternehmer mit Ausnutzung und Entrechtung der Arbeiterwelt, aber ebenso wenig in der Diktatur des Proletariats. Ordnung ist nur dort, wo sich Unternehmer und Arbeiter als Teile und Glieder eines gemeinsamen Ganzen wissen, wo sie in Berufsgemeinschaft dem gleichen Ziel eines blühenden Wirtschaftslebens und damit des Gemeinwohles dienen. Diese richtige Ordnung, die eine gerechte Verteilung und einen rechten Gebrauch des Eigentums und eine richtige Einschätzung der Arbeit voraussetzt, wird aber nur dann dauernder Besitz, wenn alle Beteiligten über den bloßen Rechtsstandpunkt hinaus und über alles Pochen auf ihr Recht den Geist ehrlichen Wohlwollens, also eines Verständigungswillens, somit den Geist christlicher Liebe haben. Im politischen Leben der Völker besagt Friedensarbeit nicht das äußerliche Unterschreiben eines Kriegsächtungspaktes, an den sich kommende Staatsmänner doch nicht mehr gebunden glauben. Sie besagt vor allem den ehrlichen und ernsten Willen zur Zusammenarbeit, das Bewusstsein, dass der Einzelstaat nicht auf dem Isolierschemel der Autarkie stehen kann und nicht als Amokläufer jedem, der ihm in den Weg kommt, zur Lebensgefahr werden darf. Sondern dass jeder Staat Teil eines größeren Ganzen ist und dass der Begriff Menschheit und Völkerfamilie aus dem Nebelhaften eines fernen Ideals in die Nähe rückt und eine konkrete Aufgabe ist, an deren Erfüllung alle verantwortungsbewussten Staatsmänner zu arbeiten haben. Nicht die Internationale einer staatenlosen Gesellschaft ist das Ideal. Auch nicht ein gefühlsseliges »seid umschlungen, Millionen«. Auch nicht die Vorherrschaft eines Einzelstaates mit der Degradierung aller anderen zu bloßen Satelliten. Sondern auch hier heißt die Lösung:

Ordnung im ruhigen Besitz. Ordnung ist nur dort, wo jedem Volk der ihm gebührende Platz eingeräumt und gesichert wird. Und ruhiger Besitz solcher Ordnung ist nur dann, wenn der Wille zur Respektierung der Lebensrechte anderer vorhanden ist: wenn also Misstrauen und Hass, Vergewaltigung und Übervorteilung durch Wohlwollen abgelöst werden.

So hat das Christentum ein großes Ordnungsbild, ein weitgespanntes Friedensprogramm, das sich vom Inneren des Herzens über das Wirtschaftliche und Soziale ins Politische und Gesamtmenschliche erstreckt.

Christus ist aber kein Träumer. Er jagt nicht Utopien nach. Er weiß sehr genau, dass es kein Paradies auf Erden gibt, weder im Inneren der Seele noch im äußeren Getriebe der Welt. Der Mensch wird in seiner eigenen Brust immer wieder feindlichen Mächten begegnen. Wird immer wieder mit dem Dunkel des Untermenschlichen und dem freventlichen Begehren nach dem Übermenschen zu kämpfen haben. Außerdem kann ja auch der Frömmste nicht in Frieden leben, wenn es dem bösen Nachbarn nicht gefällt. Es wird immer wieder Demagogen und Volksverführer und Hetzer geben. Immer wieder werden Unzufriedene die Fackel der Revolution in den Tempel des sozialen Friedens schleudern wollen. Immer wieder werden säbelrasselnde Nationalisten ihren Völkern das Heil durch Kriege versprechen. Darum ist der Friede, solange das Leben des Menschen und die Weltgeschichte dauert, kein endgültig erworbener und im Letzten gesicherter Dauerzustand. Umso mehr muss es aber Menschen geben, die sich immer wieder für den Frieden einsetzen, die trotz aller Enttäuschungen und Fehlschläge, trotz aller Verleumdungen und Beschimpfungen für den Frieden arbeiten. Es sind die Menschen, die überall, wo sie hinkommen, eine Atmosphäre des Friedens, der Versöhnung, der Verständigung und der Liebe verbreiten. Es ist nicht ein Alles-gehen-Lassen aus Bequemlichkeit und Schwäche. In unerhörter Kraft ist Christus den Pharisäern und Volksverführern entgegengetreten. In seiner Kampfansage gegen diese Feinde des Guten zucken die Blitze und rollen die Donner eines heiligen Zorns und einer inneren Kraft, die wahrhaftig nichts mit sentimentalem Friedensdusel zu tun hat. Arbeit für den Frieden besagt auch nicht Frieden um jeden Preis. Denn es gibt immer wieder Rechte zu schützen, die man nach dem Willen Gottes nicht preisgeben *darf*. Aber Friedensgeist besagt Bereitschaft zur Verständigung, Wille zur Versöhnung, besagt den Willen, unter Rechnungen einen Strich zu machen, Vergangenes zu vergeben und zu vergessen, dem Gegner die Hand zu reichen zu wirklichem Neuanfang. Das lateinische Wort für einträchtig-friedliche Zusammenarbeit heißt *con-cordia*. Es besagt auf Deutsch: mit den Mitmenschen eines Herzens zu sein. Das ist auf die Dauer nur dann möglich, wenn der Mensch auch *concordia* mit Gott hat, das heißt, auch mit ihm eines Herzens ist. Das ist er nur dann, wenn er im Herzen des menschgewordenen Gottes den Geist selbstloser Liebe und damit den Willen zu wirklichem Frieden gefunden hat.

So liegt die verborgene Quelle christlicher Friedensliebe im geheimnisvollen Boden innerer Christusliebe. Von dort müssen aber die Quellen aufbrechen und als Bäche guten Willens und als mächtige Ströme des Wirkens und Schaffens für den Frieden auf allen Gebieten durch die Welt fließen. Es wird auch dann kein Paradiesstrom sein. Aber er wird wenigstens verhüten, dass die Welt zur Wüste wird. *Beati pacifici* (»Selig die Friedfertigen«, Anm. d. Verl.).

SELIG, DIE VERFOLGUNG LEIDEN

Die letzte Seligpreisung der Bergpredigt nimmt dem Christen jede Möglichkeit der Illusion. Denn sie setzt als gegeben voraus, dass er um seiner christlichen Haltung willen verfolgt wird, und preist ihn gerade deswegen glücklich. Wohlverstanden: um seiner christlichen Haltung willen. Es gibt ja auch Verfolgungen, für die der Mensch selbst die Verantwortung zu tragen hat. Wenn er beispielsweise andere unnötig herausfordert, durch Unklugheit reizt, durch Unrecht erzürnt, durch blindes Draufgängertum und Fanatismus provoziert oder durch Gewaltmethoden zu gewaltsamem Widerstand zwingt. Davon ist in der Bergpredigt nicht die Rede. Es geht um die Verfolgung um der Gerechtigkeit willen. Also Verfolgung derer, die zu Gott und zu den Menschen im rechten Verhältnis stehen wollen, als gerecht Handelnde sich an das Gesetz Gottes als Richtschnur des Lebens halten wollen. Die aus der inneren Gnade, die den Menschen rechtfertigt, ihr Leben gestalten wollen. Also Verfolgung der Christen um ihres Christentums willen.

Zwei Dinge sind in dieser Seligpreisung erstaunlich.

Einmal die Tatsache, dass Christen um des Christentums willen verfolgt werden. Man sollte doch erwarten, dass Menschen, die grundsätzlich zum Guten stehen, gut sein und gut handeln wollen, Menschen, deren innerstes Gesetz die Liebe ist, Menschen, die im Geist der Barmherzigkeit und der Friedensliebe anderen begegnen, überall als Lichtstrahl im Dunkeln, als loderndes Feuer in der Kälte, als Bringer der Freude, als Künder einer besseren Zeit, als Boten Gottes aufgenommen würden. Aber das Christentum ist nüchtern genug, um nicht dieser Täuschung zu verfallen. Es fährt nicht im Kielwasser Rousseaus und glaubt darum nicht, dass der Mensch von Natur aus gut ist, ohne Beimischung von Bösem. Es lässt sich durch die trügerischen Friedensschalmeien der Humanität nicht betören. Es erträumt kein Paradies auf Erden und lässt sich nicht davon überzeugen, dass die menschliche Kulturentwicklung eine ständig aufsteigende Kurve bilde. Das Christentum weiß zu sehr, dass der Mensch in seiner Freiheit die Möglichkeit zum Missbrauch hat, dass nur Gottes Macht ausschließlich zum Guten eingesetzt werden kann, menschliche Macht dagegen sich zum Guten gebrauchen und zum Schlechten missbrauchen lässt. Neben den Engeln gibt es Teufel, neben Heiligen leben Verbrecher, neben den ehrlich Aufwärtsstrebenden die Menschen des Abgrunds. Der Kleine beneidet den Großen, der Schwache den Starken, der Kranke den Gesunden, der Arme den Reichen, der Dumme den Gescheiten, der Bankrotteur den Menschen des Erfolgs, der Unterliegende den Sieger. Schmierfinke können es nicht dulden, dass Menschen weiße Gewänder tragen. Es liebt die Welt, das Strahlende zu schwärzen und das Erhabene in den Staub zu ziehen. Das Böse hat eine eigene Unrast in sich, eine negative Dynamik. Wie faule Äpfel die gesunden anstecken, wie fressendes Feuer um sich greift und Krankheitsbazillen in rasendem Tempo sich vermehren, so hat auch in der Menschheit das Böse eine eigene Offensivkraft. Das Christentum wird nicht angegriffen, weil es schwächlich oder rückständig, harmlos oder kleinlich wäre, sondern im Gegenteil. Was die Menschen bis zur Weißglut reizt, ist sein ungeheurer Anspruch, göttliche Macht, Weisheit und Größe zu enthalten. Solange das Christentum wirklich das ist, was es sein soll, wird es als Provokation empfunden. Erst wenn es in gottwidriger Harmlosigkeit zu allem Ja und Amen sagte und wenn die Stimme des Protestes im

Schweigen eines ängstlichen Opportunismus endgültig unterginge, hätte es Ruhe vor Angriffen und Lästerungen. Solange es aber in der Kraft und im Freimut Gottes fordernd und richtend vor die Welt tritt, wird es schärfste Opposition wecken. Die Wasser spritzen nicht an einem mit den Wellen treibenden Holz auf, sondern am Fels, der unverrückbar steht. Wer als Christ leben will, darf darum nicht auf den Beifall der Menge warten, darf nicht glauben, dass sie ihn auf Händen tragen oder als einen der ihren auf den Schild heben wird. Das Christentum ist keine Wetterfahne, die sich nach dem kommunistischen Ostwind oder liberalen Westwind, nach faschistischem Südwind oder totalitärem Nordwind dreht. Sein Zeichen ist das starre Kreuz, dessen Längsbalken nach oben weist, zu Gott hin, und dessen Querbalken die ganze Welt und Menschheit umspannen will, um sie nach oben zu führen, hin zu Gott. Von dieser Richtung in die Höhe der Unendlichkeit Gottes und in die Breite katholischer, also umfassender Spannweite lässt sich das Christentum nicht abbringen. Es ist keine geruhsame Existenz, kein Stillleben, kein Schäferidyll, sondern es ist wesentlich Auseinandersetzung, ein Zeichen, dem widersprochen wird. Intellektuelle werden verfolgt um ihres *Credos* willen. Geschäftsleute werden belächelt, wenn sie als Christen ehrliche Menschen sein und auf unsaubere Praktiken nicht einsteigen wollen. Junge Menschen werden angeödet um ihrer Unberührtheit willen. Den Eheleuten setzt man zu, wenn sie ihre Ehe nach den Gesetzen Gottes gestalten wollen. Ganze Orden werden verfolgt, nur um der Tatsache willen, dass sie restlos im Dienst der Kirche stehen. Und die Gesamtkirche wird von oben verfolgt, weil sie es mit dem Volke halte, von proletarischen Massen verfolgt, weil sie die Kapitalisten schütze. Von einer Scheinwissenschaft verfolgt, weil sie Fortschritt und freie Forschung unterbinde. Von staatlicher Macht verfolgt, weil sie sich dem Totalitätsanspruch nicht unterwirft.

An Verfolgungstiteln fehlt es nicht und darum auch nicht an Verfolgungen. Erstaunlich ist das nur für den, der sich im Evangelium nicht auskennt. Der Weg des Christentums ist für starke Menschen, d.h. für solche, die sich der Kraft Gottes überlassen und den Mut haben, zu ihr das Jawort des Glaubens zu sprechen.

Ein Zweites ist an dieser Seligpreisung erstaunlich und doch eigentlich wieder selbstverständlich, dass nämlich gerade diejenigen seliggepriesen werden, die Verfolgung erleiden. Also nicht die Menschen eines geruhsamen Friedens. Die Stillen im Lande, denen es gut geht. Die Verschonten, deren Häuser dem Bombenangriff der Verfolgung nicht zum Opfer gefallen, deren Hütten von den donnernden Lawinen antichristlicher Bewegungen nicht mitgerissen wurden. Sondern umgekehrt die Geprüften, die Gesiebten, die Mitgenommenen, durch deren Wälder die Stürme gefahren sind und über deren Felder der Hagelschlag der Verfolgung niedergegangen ist. Nicht die Zuhausegebliebenen, sondern die Mobilisierten werden gepriesen. Alles Muffige, Sichduckende, Nachgebende, Abseitsstehende ist dem Christentum fremd. Es preist die Menschen des Einsatzes, des Kampfes, die Exponierten, die hart Angegriffenen, die Umkämpften. Und warum? Weil sie zu den Erwählten gehören. Zu denen, die Gott gerufen hat und die dem Ruf Folge leisten. Zu den von Gott Gezeichneten, zu den Söhnen Gottes. Sie wandern sichtlich auf der Straße Christi. »Haben sie mich verfolgt, so werden sie auch euch verfolgen« (Joh 15,20). »Der Bruder wird den Bruder, der Vater sein Kind dem Tode überliefern. Kinder werden sich gegen die Eltern erheben und sie in den Tod bringen. Um meines Namens willen werdet ihr allen verhasst sein ... Der Jünger steht nicht über dem Meister, der Knecht nicht über dem Herrn« (Mt 10,21). Der Christ wird am Leiden Christi Anteil haben. Leiden Christi aber ist die Wirkung des Hasses und der Verfolgung. Christus hat ihnen nur Gutes getan und darum von ihnen Schlechtes empfangen. Er hat ihnen den Frieden gebracht, darum haben sie ihm den Krieg erklärt. Er hat ihnen das neue Leben geschenkt, darum haben sie ihn zum Tode verurteilt. Er hat ihnen die Liebe verkündet, darum haben sie ihn gehasst. Er hat sie vom Tod der Sünde erweckt, darum haben sie ihm nach dem Tod noch das Herz durchbohrt. Verfolgung ist das Stigma Christi. Also sein Zeichen und damit Kennzeichen des echten Christen, des von Gott Erwählten, von Gott mit dem Zeichen seines Sohnes Gezeichneten.

Die Erkenntnis, dass echte Christen der Verfolgung ausgeliefert werden, dass sie aber gerade dadurch als Erwählte kenntlich werden und darum seligzupreisen sind, ist so wichtig, dass Christus gerade diese Seligpreisung und nur diese in feierlichster Form wiederholt: »Selig seid ihr, wenn man euch um meinetwillen schmäht und verfolgt und euch alles Böse fälschlich nachsagt. Freut euch und frohlocket.« Darum sind Zeiten der Verfolgung für die Christenheit immer große Zeiten. Zeiten satter Geruhsamkeit sind Zeiten christlichen Niederganges. Zeiten der Verfolgung sind Zeiten des Aufstiegs. Und so schwingen über unserem Jahrhundert für alle echten Christen und für alle, die Ohren haben zu hören, die Klänge der Seligpreisung: *Beati!*

DIE VERHEISSUNGEN

An jede Seligpreisung knüpft Christus eine Verheißung. Ja, die Verheißung ist der eigentliche Grund der Seligpreisung. Denn weder die Armut im Geiste noch die Trauer, noch der seelische Hunger und Durst, noch die Verfolgung sind Grund und Ursache des Glückes, aber sie sind Wege zum Glück. Sie sind eine Brücke zum Ufer des Glückes, sind das Schiff, das ans Gestade der Seligkeit trägt.

Der *Inhalt* der Verheißungen ist trotz verschiedenartiger Formulierungen immer der gleiche: der Besitz Gottes. Denn wenn das Himmelreich versprochen wird, so ist es das Reich, in welchem Gott die Herrschaft hat. Das Reich, in welchem alle Gott schauen und ihn dadurch als das unendlich Gute erkennen und in staunender Bewunderung und freudiger Liebe anerkennen. Himmel ist nichts anderes als Besitz Gottes. Wenn den Trauernden der Trost versprochen wird, so ist dieser Trost nichts anderes als Gott. Der menschgewordene Gott wird in der Bibel »Trost Israels« genannt. Auch für das geistige Israel, also für alle Gläubigen, ist der Besitz Gottes der Trost, der alle Trauer bannt und alles dunkle Gewölk seelischer Niedergeschlagenheit verscheucht. Wenn es von den Sanftmütigen heißt, dass sie das Land besitzen werden, so ist das irdische Gelobte Land nur Symbol des geistigen verheißenen Reiches, wie das irdische Jerusalem schon beim Propheten Jesaja und dann vor allem in der Geheimen Offenbarung Symbol des himmlischen Jerusalem ist. Ist aber das Himmelreich das Land der Verheißungen, so ist Gott der König dieses Landes, und so führt auch diese Formulierung zum eigentlichen Zentrum hin:

zu Gott. Wer wird die sättigen, die nach Gerechtigkeit hungern und dürsten? Niemand anders als Gott. Denn Gott allein macht gerecht. Denn er allein ist gerecht. Und so ist dieses Hungern und Dürsten nichts anderes als Ausschau halten nach ihm, Suchen nach Gott. Wenn die Barmherzigen Barmherzigkeit erlangen sollen, von wem anders als vom ewigen Richter, dem sie auf Gnade und Barmherzigkeit ausgeliefert sind, auf dessen Gnade sie hoffen, an dessen Barmherzigkeit sie appellieren. Als Lohn der Herzensreinheit wird klar und deutlich gesagt: Sie werden Gott schauen. Und von den Friedfertigen heißt es, dass sie Kinder Gottes heißen werden. Die letzte Seligpreisung ist mit einer Verheißung verbunden, die bewusst den gleichen Wortlaut hat wie die erste, damit so die acht als ein geschlossenes, abgerundetes Ganzes in Erscheinung treten. Denn wieder ist den Verfolgten der Besitz des Himmelreiches zugesichert.

Es ist also immer Gott. Begreiflich! Denn was ist Religion anderes als Verbundenheit mit Gott? Es geht somit in den Verheißungen der Bergpredigt nicht um irgendwelche kleinen Dinge, um Zeitgebundenes, Vergängliches, Irdisches. Sondern es geht um das, was allein den ganzen Einsatz lohnt, was Anfang, Mitte und Ende aller Religiosität bedeutet: um Gott. Die Bergpredigt wendet sich an große Menschen, denen alles klein ist außer Gott. An Menschen, die ins Unendliche greifen, weil das Endliche sie nicht zu sättigen vermag. »Alles ist nichts«, sagte Theresa von Avila, die große spanische Mystikerin, wenn sie an Gott dachte, der allein alles ist und neben dem alles nichts ist. Und Hölderlin sagt in seinem Fragment des Hyperion: »Was mir nicht alles und ewig alles ist, ist mir nichts.« Es geht im Ethos, das Christus in der Bergpredigt aufzeigt, nirgendwo um nebensächliche Dinge, sondern immer um das Zentrale, um Gott. Nirgendwo ein Sichverlieren auf Nebenwegen, ein Zersplittern der Kräfte, ein Verspritzen der Wasser, ein kompliziertes Vielerlei. Sondern überall der Hinweis auf die Mitte, ein Reden vom allein Maßgebenden und Entscheidenden, von Gott.

Damit ist ein Zweites gegeben: die eschatologische Einstellung, die *Jenseitshaltung der Bergpredigt.* Es sind Verheißungen, also ein Blick in die Zukunft. Das Leben des Christen ist Wanderschaft, Pilgerfahrt, Aufstieg. Es liegt darin etwas Ruheloses, Vorwärtsdrängendes, Unerfülltes. Aber nicht eine Unerfülltheit, die traurig macht, lähmt und schmerzt. Es ist im Gegenteil eine lockende Verheißung, ein Saatkorn, das zum Baum werden soll. Blüte, die süße Frucht verheißt. Das Christentum ist nicht wehmütiger Rückblick auf vergangene Tage, Zehren von dem, was gewesen, eine Statue auf dem Sockel vollbrachter Leistungen. Das Christentum ist auch nicht ein völliges Aufgehen in den Gegenwartsaufgaben, ein Sichverlieren an die Zeit, ein gieriges Greifen nach dem Jetzt. Sondern es ist wesentlich Blick in die Zukunft, Ausschau nach dem kommenden Tag, für den es keinen Abend mehr gibt. Schreiten zur Sonne, die nicht mehr untergeht. Der Christ ist wesentlich ein Speerwerfer mit dem Blick in die Zukunft. Und doch ist diese Jenseitshaltung nichts, das erdfern, weltfremd und lebensuntüchtig macht. Im Gegenteil! Sie fordert die Betätigung der Barmherzigkeit hier und heute. Die Arbeit für den Frieden in dieser friedlosen Welt. Ruhiges Schreiten durch alle Verfolgungen. Sie gibt also die rechte Einstellung zum Leben in dieser Zeit und auf dieser Erde. So hat der Christ eine kraftvolle Spannung in seinem ganzen Wesen. Er ist nie zu Ende. Gibt sich nie zufrieden. Beginnt immer wieder mit neuem Ausschreiten. Lässt sich nicht festhalten durch die Lieder der Täler und durch Rosen, die doch verblühen. Es liegt etwas Unwiderstehliches im verborgenen Gott, der wie ein Magnet die Menschen anzieht. Wer einmal richtig in sein Kraftfeld geraten ist, wird durch nichts anderes mehr wirklich angezogen als durch ihn. Die Jenseitshaltung ist dann zur Selbstverständlichkeit geworden. Nicht im Schreck des *Dies irae* (»Tag des Zorns« Anm. d. Verl.), nicht im Drohen eines *Memento mori* (»Sei dir der Sterblichkeit bewusst«, Anm. d. Verl.), sondern in der Hoffnung auf den Tag, an dem alle Blütenträume reifen.

Ein Drittes ist an diesen Verheißungen bemerkenswert. Sie bewirken die *Seligpreisung: beati*. Durch den Text dieser acht Seligkeiten geistert eine dunkle Unheimlichkeit. Von der Trauer ist die Rede, von Hunger und Durst, von Krieg und Frieden, von Verfolgung und Verleumdung. Und doch ist alles überstrahlt vom hellen Licht Gottes. Das Wort »selig«, das neunmal wiederholt wird, rührt an die geheimsten Wünsche jeder Menschenseele, an den Traum von Glück und die Sehnsucht nach Freude. Die Erfüllung wird als sicher in Aussicht gestellt für jeden, der sein Leben auf Gott ausrichtet. Alle dumpfen Klänge sind übertönt vom stillen Jubel eines christlichen Optimismus. Das Christentum ist keine stoische Distanz gegenüber der Freude aus Angst, den Pendelschlag auf die andere Seite erleben zu müssen. Keine reservierte Haltung, damit nicht eine Täuschung in Enttäuschung ende. Noch weniger ist es trauernder Verzicht aus tieferer Einsicht in die Nichtigkeit aller Dinge. Erzwungenes Neinsagen, wo alle inneren Kräfte nach dem Jawort treiben. Schwermütiger Abschied von einer Welt, die durch ihre Schönheit lockt. Sondern das Christentum ist wesentlich Frohbotschaft, Verheißung der Freude, Warten auf die Erfüllung, Schreiten durch Grab und Tod zu neuem Leben. In der Bergpredigt läuten alle Glocken und blühen alle Sträucher. Denn sie ist das Frühlingslied der Hoffnung, Osterbotschaft der Auferstehung zu Sieg und Triumph und zum wahren Leben.

Nicht umsonst bildet das Osterfest die Wertmitte des liturgischen Jahres. Es ist nicht nur Erinnerung an die historische Überwindung von Karfreitagsgrauen und Grabesruhe durch den Ostermorgen, der alles ins Licht taucht und alles mit Freude überschwemmt. Es ist vielmehr Blick in die Zukunft, in der alle Nächte der Passion endgültig vorüber sind und wo es keine Gräber mehr gibt, weil in ewigem Frühling der ewig neue Gott alles in allem ist.

II. TEIL

WO STEHEN WIR?

(Mt 5,13–16)

In jener Zeit sprach Jesus zu seinen Jüngern: Ihr seid das Salz der Erde. Wenn das Salz seinen Geschmack verliert, womit kann man es wieder salzig machen? Es taugt zu nichts mehr; es wird weggeworfen und von den Leuten zertreten. Ihr seid das Licht der Welt. Eine Stadt, die auf einem Berg liegt, kann nicht verborgen bleiben. Man zündet auch nicht ein Licht an und stülpt ein Gefäß darüber, sondern man stellt es auf den Leuchter; dann leuchtet es allen im Haus. So soll euer Licht vor den Menschen leuchten, damit sie eure guten Werke sehen und euren Vater im Himmel preisen.

Wenn man die Bergpredigt studiert, kommt man zur Auffassung, sie sei das Ideal für eine Elite, kein Programm für die Massen. Ein lockender Ruf der Viertausender, nicht für die Menschen in den Gartenlauben. Ein Höhenweg der Heiligen, zu gefährlich für Spießer. Ein Vorstoß, der kühnen Wagemut fordert, zu gewagt für die vielen, denen es in der Mittelmäßigkeit am wohlsten ist und die nicht auffallen wollen.

Soll also das Christentum eine esoterische Angelegenheit eines Grüppleins Erwählter sein? Oder nur für den Adel des Geistes und des Herzens? Somit keine geistige Weltrevolution, die den Feuerbrand des Gotteswortes in die ganze Menschheit schleudert? Keine Basis für eine wirkliche Volkskirche?

Merkwürdig! Man hat dem Christentum nach beiden Seiten hin Vorwürfe gemacht. Die einen finden es zu volkstümlich, eine Botschaft vom Arme-Leute-Gott, Einladung an Bettler, Kranke, an Zukurzgekommene und an Huren. Und es ist im Evangelium tatsächlich von diesen häufig die Rede. Andere finden im Gegenteil, das Ideal der Herzensreinheit, der Feindesliebe, des Betens ohne Unterlass, der Aufopferung bis zum Tode sei für Menschenkräfte zu hoch angesetzt oder jedenfalls nur von ganz wenigen zu erreichen. Es fordere ein bewusstes *sacrificium intellectus* (»Zurückstellen des eigenen Denkens und Machtanspruches«, Anm. d. Verl.), eine Glut des Herzens, eine Kraft des Einsatzes, einen Heroismus des Lebens, der aus den vielen Berufenen nur den wenigen Auserwählten möglich sei. Und das Evangelium spricht in der Tat von der »kleinen Herde« und von den »wenigen, die es fassen« können.

Der scheinbare Widerspruch löst sich aber durch die Elitebildung als Sauerteig der Masse, durch die Gestaltung einer führenden Schicht, welche die anderen mitreißen soll, durch Feuerseelen, an denen die anderen sich entzünden, durch kühne Pioniere, die in ihrem Vorstoß der Masse den Weg bahnen. Daher die besondere Sorgfalt, mit der Christus seine Apostel schult. Sie sollen die »Stadt auf dem Berge« sein, an der sich alle Wanderer in Tälern und auf Hügeln orientieren können. Sie sollen Licht sein, das weithin leuchtet, sollen Salz sein, das die Speise des Ganzen würzt. Also nicht die Ausschließlichkeit eines kleinen Trupps, der sich von der Masse vornehm distanziert. Aber auch nicht die Massenbewegung, die alle in die gleiche Schablone zwingt, sondern eine religiöse Oberschicht, von der immer wieder Kräfte ausgehen, die auch im Letzten spürbar werden. Die Formung einer Mitte, deren magnetische Kraft bis an die Peripherie reicht.

Wie steht es damit? Sind wir Licht und Salz?

Die Weltpolitik arbeitet nicht aus dem Geist Christi, sondern begnügt sich, wenn es hoch kommt, mit allgemeiner Humanität, und glaubt, damit ein großes Ideal aufzustellen, das den *sacro egoismo* (»heiligen Eigennutz«, Anm. d. Verl.) der einzelnen Nationen breche. Der Gedanke eines *corpus christianum* (»mittelalterliche Auffassung, dass Kirche und Staat eine geistliche und rechtliche Einheit bilden, deren unsichtbares Haupt Christus darstellt«, Anm. d. Verl.) aller Völker ist nicht mehr zu spüren. Die Wirtschaft ist völlig auf Zweckmäßigkeit eingestellt und fordert nur von diesem Gedanken her Planung und Leitung. Von den ethischen Normen der Gerechtigkeit oder gar der Liebe ist kaum noch die Rede. Die Wissenschaft ist weithin dem Nützlichkeitsprinzip verfallen. Darum stehen die technischen Wissenschaften, die Forschungen um die Atomenergie im Vordergrund. Das leidenschaftliche Suchen nach Wahrheit oder gar nach der Erkenntnis Gottes ist selten geworden. In unseren Schulen, selbst in den Gymnasien, wird Literatur und Geschichte mit wenig Interesse betrieben. Man überlässt sie den Frauen. Die Leidenschaft gehört der Technik und ihrem Ausbau. Religion ist etwas, für das sich die ältere Generation noch erwärmt. Die Jungen nehmen sie als Schulfach nebenher noch in Kauf. Der Sonntag ist nicht mehr der Tag des Herrn, sondern Weekend, das im Wesentlichen dem Sport gehört. Man werfe nur einen Blick in die Morgenblätter der Montagsausgaben!

Die »Stadt auf dem Berge«, nach der man sich richtet, ist je nachdem Washington oder Moskau, vielleicht noch London, schon nicht mehr Paris, das als *ville lumière* wenigstens noch Geist hatte. Das Licht der Welt ist die Technik, von deren Entfaltung man eine Revolutionierung des Lebens erwartet. – Und das Salz der Erde, das das Leben überhaupt noch schmackhaft macht, ist die Aussicht auf einen höheren Lebensstandard.

Wir wollen diese Tatsachen nicht auf das Schuldkonto der anderen setzen. Das ist zu billig. Gewiss sind es Laizismus und Säkularisation, welche das Christentum ans Ufer gespült haben, während der Strom des Lebens seine neuheidnischen Wellen weiter vorwärtstreibt. Wir haben aber aus der Not allzu sehr eine Tugend gemacht und uns mit der Tatsache des Ghettos zu leicht abgefunden. Grollend stehen wir abseits, danken dem Herrn, dass wir »nicht sind wie die anderen«, die doch unaufhaltsam dem Verderben zueilen, und bauen am Ufer unsere gesicherte Burg. Wenn wir noch vom Missionieren reden, denken wir an ferne Länder und fremde Völker. Dass aber die Wölfe, unter die wir gehen sollen, rings um uns stehen, kümmert uns wenig. Von der modernen Naturwissenschaft haben wir uns seit Galilei distanziert, von der modernen Philosophie seit Descartes und Kant. Wir arbeiten zu sehr in der Defensivhaltung des Syllabus und des Index und halten alles Neue ängstlich fern oder verurteilen es. Wir distanzieren die katholische Aktion von jeglicher Politik, als ob der Aufbau einer gesunden *Polis* (»Stadtstaat im antiken Griechenland«, Anm. d. Verl.) ohne christliche Moral möglich wäre. Im Inneren der Kirche entfalten wir die Pracht unserer Liturgie, bauen Systeme der Philosophie und Dogmatik in einer Sprache, die die anderen nicht mehr sprechen und nicht mehr verstehen. Unsere religiöse Literatur ist sehr genügsam geworden, ohne hohes Niveau. Und selbst unsere Andachten in den Kirchen haben vielfach weder Geist noch Feuer. Das Konservieren ist unsere Stärke geworden, das Missionieren unsere Schwäche. So steht das Licht weithin unter dem Scheffel. Unsere Stadt steht noch immer auf dem Berge, aber sie hat aus Vorsicht Verdunkelung angeordnet. Wir haben Salz, aber wir haben es rationiert und in Schränken verschlossen.

Es ist Zeit, diese Abwehrhaltung und Selbstgenügsamkeit, diese Ghettomentalität und dieses Leben hinter verschlossenen

Türen zu beendigen und einer zertrümmerten und darum wieder fragenden und suchenden Welt das Licht und das Salz zu bringen. Hebt den Scheffel weg! Öffnet die Schränke! Zündet die Lichter an! Die Welt ruft nach Christus.

Dazu kommt ein Zweites: die Forderung nach einer wirklichen Elite. Wir haben sie. Die gefüllten Priesterseminare und der Nachwuchs in Orden und Klöstern beweisen es. Wir haben sie auch unter den Laien: Menschen jeden Alters und Standes, die bereit sind, bei der Arbeit im Reich Gottes mitzuwirken. Aber wir sind auch da zu genügsam geworden. Wir leisten diesen Menschen, besonders den jungen, einen schlechten Dienst, wenn wir immer wieder bremsen, anstatt zu fördern, beschwichtigen, statt Forderungen zu stellen, in Gebet, Buße, Arbeit an sich selbst, Einsatz und Hingabe. Christus hat es den Berufenen und Erwählten nicht leicht gemacht. Er hat ihnen gesagt, dass der Menschensohn nichts habe, wo er sein Haupt hinlegen kann, dass also der Verzicht auf ein bequemes Leben eine selbstverständliche Forderung ist. Er hat von ihnen die Bereitschaft verlangt, Vater und Mutter und alles zu verlassen. Hat vom jungen Menschen, der ihn seiner Bereitschaft versicherte, gefordert: »Gehe hin, verkaufe alles, was du hast, und dann komm und folge mir!« Auf sein bloßes Wort hin mussten die Jünger noch in der Nacht in harter Arbeit über den See rudern. Und wenn Petrus beim Schreiten über die Wellen in völlig ausgelieferter Unsicherheit es mit der Angst zu tun bekommt, tadelt Christus ihn als Kleingläubigen. Wir müssen das Ernstmachen nicht als Übertreibung hinstellen. Das Feuer darf nicht zum glimmenden Docht werden. Es ist der jungen Generation besser geholfen, wenn wir Forderungen stellen sowohl in geistiger Hinsicht wie in moralischer. Die Ausbildung einer wirklichen Elite ist etwas vom Wichtigsten. Zeigt ihr wieder das Ideal der Bergpredigt, damit sie nicht zu einem Durchschnittschristentum und einer Feld-, Wald- und Wiesenfrömmigkeit degeneriert. Die christliche Haltung muss wieder ihre Frische und Kühnheit, ihren stürmischen Unternehmergeist und ihren Wagemut aus dem Glauben bekommen. Wir müssen die Führerschicht aus ihrer geistigen Verfilzung, religiösen Verflachung und moralischen Verfettung lösen.

Die Bergpredigt ist nicht den beschaulichen Klöstern vorbehalten und sie ist nicht ein Ideal vergangener Zeiten. Je lebendiger der Geist wird, desto höher steht die katholische Elite und desto kraftvoller wird ihre Dynamik die Massen in Bewegung bringen. Dann sind wir wieder Licht der Welt und Salz der Erde. Schon lange haben die Päpste diesen Ruf erhoben. Leo XIII. hat in seinen Hirtenschreiben Fenster und Türen aufgerissen und den Weg in die moderne Welt gezeigt. Pius X. hat einer verbürgerlichten Generation das Ideal der Heiligkeit gepredigt. Benedikt XV. hat sich in die Weltpolitik eingeschaltet. Pius XI. hat nach der *actio catholica* gerufen, d. h. er hat die Mitarbeit der Laien bei der Gestaltung des öffentlichen Lebens nach dem Geiste Christi gefordert. Und Pius XII. wird nicht müde, in seinen Weihnachtsansprachen, seinen Enzykliken und in seinem ganzen Wirken das heilige Feuer zum Lodern zu bringen. Die Welt sucht in ihrem abgründigen Dunkel nach dem Licht. Und alle, denen Sinn für Größe gegeben ist, haben genug vom faden Leben verweltlichter Christen. Wir brauchen Licht und Salz.

GEIST ODER GESETZ?

(Mt 5,17–20)

Denkt nicht, ich sei gekommen, das Gesetz oder die Propheten aufzuheben. Ich bin nicht gekommen, aufzuheben, sondern zu erfüllen. Denn wahrlich, ich sage euch: Bis der Himmel und die Erde vergehen, wird nicht auch nur ein Jota oder ein einziges Strichlein des Gesetzes vergehen, bis alles erfüllt ist. Wer nun auch nur eines dieser geringsten Gebote aufhebt und die Menschen so lehrt, wird der Geringste heißen im Reich der Himmel. Wer sie aber hält und lehrt, der wird groß heißen im Reich der Himmel. Denn ich sage euch: Wenn eure Gerechtigkeit nicht größer ist als die der Schriftgelehrten und der Pharisäer, werdet ihr nicht in das Reich der Himmel kommen.

Die Menschen sind zu klein, um die Gedanken Gottes nachzudenken. Sie entstellen sie immer wieder und verzerren sie bis zur Karikatur. In engstirniger Einseitigkeit gehen sie zu weit, überstürzen und überspitzen die Dinge, bis sie abbrechen, oder sie gehen zu wenig weit, weil sie fürchten, durch die Forderungen Gottes würden sie beeinträchtigt. Die Menschen der überlegenen Mitte sind selten. Es sind die wirklich Großen, die bei einem Sowohl-als-auch in Wirklichkeit keinen Kompromiss schließen, sondern von Gott her, der über allem steht, die seelische Größe finden, durch die auch sie über den Dingen stehen und anstelle fanatischer Einseitigkeit eine Synthese suchen.

Das zeigt sich auch bei einer Sache, die für das Zusammenleben der Menschen von grundlegender Bedeutung ist: beim Gesetz. Gesetze sind Anordnungen Gottes, Formulierungen göttlichen Willens. Die Naturgesetze zeigen in ihrem ehernen Ablauf das feste Gefüge der Schöpfungsordnung Gottes: Er sprach und es ward! Sie sind geheimnisvolle Zeichen eines allmächtigen Willens. Trotz allem Forschen der Astronomie, der Physik, der Chemie, der Biologie haben wir sie noch lange nicht ergründet und stehen überall noch an den Anfängen. Das natürliche Sittengesetz ist der ins Herz geschriebene Wille Gottes, der Imperativ des göttlichen »Du sollst und du sollst nicht«, durch die Vernunft erkennbar und durch das Gewissen gefordert. Darüber hinaus gibt es positive Gesetze, von rechtmäßiger menschlicher Autorität angeordnet und erlassen. Sie können unmittelbar auf Gottes Geheiß gesetzt oder wenigstens durch seine Autorität gesichert und sanktioniert sein. So das Gesetz des Moses, die Thora. So die kirchlichen Gesetze, die in der gottgegebenen Binde- und Lösegewalt der Apostel und ihrer Nachfolger ihre verpflichtende Kraft haben. So aber auch alle rechtmäßigen, nicht gegen Gottes Willen verstoßenden Staatsgesetze. Denn auch die staatliche Autorität ist zwar nicht von Gottes Gnaden und theokratisch, sie geht aber letztlich auf den Schöpferwillen Gottes zurück, der die Menschennatur so geschaffen hat, dass das Zusammenleben in Gemeinschaft nur möglich ist mit Einordnung in eine Autorität, die im Letzten und Tiefsten Exekutivorgan Gottes ist, wie Paulus im berühmten 13. Kapitel des Römerbriefes schreibt.

Es ist somit etwas Großes um die Gesetze. Sie sind gottgesetzte Wegweiser für die Menschheit, Lichter an der Straße zu Gott hin, ein Kompass für die Seefahrt der Menschen und Völker, ein Einzeichnen der Wege auf den Generalstabskarten des menschlichen Lebens. Aber der Mensch ist weder durch physikalische Notwendigkeit an den Ablauf des Gesetzes gebunden wie der fallende Stein noch durch sicheren Instinkt geleitet wie das Tier. Sondern er soll sich in Freiheit selbst für das Gute entscheiden und so durch Einhaltung der gottgegebenen Gesetze den gesetzgebenden Gott als den Herrn anerkennen.

Aber die einen empfinden das Gesetz als harten Zwang, als drückendes Joch, als unwürdige Zwangsjacke, als vergewaltigende Einengung und Einschnürung, als hemmende Schranke, als Gängelband für Unmündige, als Geländer für Strauchelnde und als Krücke für Kranke. Überheblicher Stolz will keine gesetzgebende Autorität über sich gelten lassen. Die Herrenmoral dünkt sich hoch erhaben über jede Vorschrift und der Wille zur Macht kümmert sich um keine gesetzlichen Schranken. Ein falscher Freiheitsbegriff verwechselt die freie Entscheidung zum Guten mit Schrankenlosigkeit, Hemmungslosigkeit und Willkür. Es ist falsch verstandener Lebensdrang, der vergisst, dass auch alles wirklich Lebendige geheimnisvollen inneren Gesetzen folgt. Es ist der Taumel und Rausch des Geistes, der glaubt, die Gesinnung allein genüge, es brauche keine äußeren Verordnungen. Es ist die Überschätzung des Menschen, die da wähnt, dass ein Sichausleben von selbst zum Guten führe. Der übersteigerte Individualismus sieht nur den Einzelnen und bedenkt nicht, dass ein Zusammenleben Ordnung erfordert und dass Ordnung ohne Verordnungen unmöglich ist. – Eine irrige Auffassung von Liebe vergisst das Wort des Herrn: »Der ist es, der mich liebt, der meine Gesetze hat und sie hält.«

Auf der anderen Seite steht die Masse der Gesetzesmenschen. Dahin gehören die vielen, die da glauben, Gesetze seien das Allheilmittel. Man kann ihnen nie genug Gesetze, Artikel, Paragrafen, Bestimmungen, Verordnungen erlassen. Alles muss geregelt werden. Jeder Schritt hat nach Vorschrift zu geschehen. Dahin gehören weiterhin die Pedanten, die bei der

Auslegung auf den Buchstaben des Gesetzes schwören, Buchstabenreiter von Beruf, Wortklauber und Paragrafenseelen. Sie sind nicht imstande, selbst eine Entscheidung zu treffen, bei der sie sich nicht auf einen Paragrafen berufen können. Sie dulden es aber auch nicht, dass andere in der Freiheit des Geistes leben und auch ohne den Schienenstrang gesetzlicher Bestimmungen vorwärtskommen. Man findet solche Regelfabrikanten und Rubrikenjäger in den Klöstern und begegnet diesen vertrockneten Formaljuristen auch in der Welt. Schlimm ist es, wenn sie wie Shylock hartnäckig auf dem Buchstaben ihres Rechtes bestehen und als Inquisitoren ängstlich über der Einhaltung auch der kleinsten Verordnung wachen. Das Schlimmste aber sind die Pharisäer, die glauben, es sei mit der äußeren Legalität getan, die mit sich selbst und anderen zufrieden sind, wenn das Gesetz nach seinem äußerlichen Wortlaut beobachtet ist. Sie sind überzeugt, dass man ihnen nichts vorwerfen könne. Hinter dem Stacheldraht ihrer Paragrafen fühlen sie sich sicher und hinter Gesetzen verschanzt, sind sie unangreifbar. Dass sie während ihrer emsigen Arbeit des Mückenseihens ganze Kamele verschlucken, kümmert sie nicht. Gesinnung ist ihnen Nebensache.

Selten sind die Menschen, die weder Gesetzesverächter noch Gesetzesanbeter sind, die wissen, dass es Gesetze braucht, dass diese aber nicht allein seligmachend sind.

Die Haltung Christi ist eindeutig. Er steht klar und bestimmt auf dem Boden des Gesetzes, weiß aber, dass es nur ein Skelett ist, nicht die Seele, nur ein Flussbett, nicht das Wasser, nur ein Draht, nicht der Funke, nur ein Zaun, nicht der Garten. Darum will er, dass Gesetze beobachtet werden, betont aber als Wichtigstes die Gesinnung. Er legt mit aller Wucht den Akzent auf die Gesinnung. Um aber nicht missverstanden und nicht missdeutet zu werden, schickt er seiner Gesinnungsethik in der Bergpredigt eine ausdrückliche Betonung des Gesetzes voraus: »Ich bin nicht gekommen, das Gesetz aufzuheben, sondern es zu erfüllen.« Ja, es soll kein Häkchen und Strichlein des Gesetzes beseitigt werden, bis es erfüllt ist. Wohl durchbricht er gelegentlich durch seine Wunder die Gesetze der Natur. Aber im Übrigen lässt er die Schöpfung in den gottgegebenen Bahnen der Naturgesetze weiterrollen. Er hält sich an das Gesetz des Moses, zahlt die Tempelsteuer, pilgert an den Festen nach Jerusalem, verrichtet vorgeschriebene Gebete. Aber er ist auch diesem Gesetz nicht versklavt, sondern kann als dessen Herr gelegentlich in souveräner Freiheit anders handeln, wo es nicht um das Wort, sondern um den Sinn geht. Er gibt auch seiner Kirche die Vollmacht, Gesetze zu erlassen, und umgibt diese Binde- und Lösegewalt mit dem Nimbus seiner eigenen Gotteswürde: »Wer euch hört, der hört mich, wer euch verachtet, der verachtet mich.« Auch Staatsgesetze lässt er gelten, denn man soll dem Cäsar geben, was des Cäsars ist, vorausgesetzt, dass man auch die höchste Legislativgewalt anerkennt und Gott gibt, was Gottes ist.

Wir haben ein Zeitalter der Gesetzesseligkeit und ein Jahrzehnt der Rechtlosigkeit hinter uns. Beides hat verheerende Wirkungen gehabt. Unsere Juristen haben ein Gesetzbuch nach dem anderen ausgearbeitet. Privates und öffentliches Recht, Zivilrecht und Strafrecht und Völkerrecht sind ausgebaut. Auch die Kirche hat ihr neues Gesetzbuch geschaffen. Die Orden haben sich ihre Verfassungen gegeben. Die Liturgie hat ihre Rubriken. Alles ist nach Recht und Gesetz geordnet. Und der Rechtsstaat glaubte, mit diesem Lawinenschutz den Einbruch aller Katastrophen gebannt, durch diese Dämme die Zivilisation vor aller Überflutung gesichert zu haben. Und doch sind Katastrophe und braune Schmutzflut verheerend über unsere Kultur gekommen. Man hat rechtsgültige Verträge als Papierfetzen verlacht. Verfassungen und Gesetzbücher mit lässiger Gebärde unter den Tisch gewischt. Das

Völkerrecht als hindernde Schranke beiseitegeschoben und selbst naturgegebene Menschenrechte mit Füßen getreten. Zu gleicher Zeit hat das Evangelium vom Übermenschen eine Herrenmoral verkündet, die jenseits von Gut und Böse steht und die alten Tafeln der Gesetze zerbricht. Denn beim Aufstieg zur Macht darf man nicht über gesetzliche Strohhalme stolpern. Und die rollenden Panzer motorisierter Armeen werden durch die Lattenzäune von Gesetzesparagrafen nicht aufgehalten. Man hat das Leben des kreisenden Blutes und gesunden Volkstums als stärkste Macht ausgerufen. Recht war nur noch, was dem eigenen Volke nützt. Alles andere war ein lächerliches Überbleibsel eines bürgerlichen Jahrhunderts. Kein Wunder, dass die Flut alle Dämme durchbrochen, die Kulturen zerstört und fruchtbares Land mit Geröll übersät hat.

Wer heute glaubt, mit dem Geist allein fertigzuwerden, wer sich dem Wahn hingibt, die Gesinnungspredigt genüge, lebt in Illusionen und errichtet den Bau einer neuen Kultur auf sandigem Boden. Und wer umgekehrt wähnt, mit Verträgen, Abmachungen und Pakten sei die Zukunft gesichert, versucht Löwen an der Leine zu führen und Wildwasser in brüchigen Schläuchen einzufangen. Nur die Haltung Christi gibt Sicherheit: das klare und eindeutige Stehen zu Gesetz und Recht. Aber dabei zugleich und vor allem und über allem die Forderung eines neuen Geistes.

REFORM DES GEISTES

(Mt 5,21–28)

Ihr habt gehört, dass den Alten gesagt wurde: Du sollst nicht töten. Wer aber tötet, soll dem Gericht verfallen sein. Ich aber sage euch, dass jeder, der seinem Bruder zürnt, dem Gericht verfallen ist. Wer seinem Bruder sagt: Du Dummkopf!, soll dem Hohen Rat verfallen sein. Wer ihm sagt: Du Narr!, soll der Hölle und ihrem Feuer verfallen sein. Wenn du nun deine Gabe zum Altar bringst und dir dort bewusst wirst, dass dein Bruder etwas gegen dich hat, lass deine Gabe dort am Altar und geh zuerst hin und versöhne dich mit deinem Bruder und dann komm und bring deine Gabe dar. Zeige deinem Gegner rasch Entgegenkommen, solange du noch mit ihm unterwegs bist, damit dich dein Gegner nicht dem Richter übergibt und der Richter dem Gerichtsdiener und du ins Gefängnis geworfen wirst. Wahrlich, ich sage dir: Du wirst von dort nicht herauskommen, bis du den letzten Rappen bezahlt hast. Ihr habt gehört, dass gesagt wurde: Du sollst nicht ehebrechen. Ich aber sage euch, dass jeder, der eine Frau anschaut, um sie zu begehren, in seinem Herzen mit ihr schon Ehebruch begangen hat.

Mit dem markanten Satz: »Ich bin nicht gekommen, das Gesetz aufzuheben, sondern es zu erfüllen«, hat Christus jedem Missverständnis einen Riegel vorgeschoben. Man kann also nicht mehr sagen, dass es einen Bruch zwischen Altem und

Neuem Testament, zwischen Gesetz und Evangelium gebe. Denn mit diesem einen Christuswort ist die Thora ins Evangelium eingebaut, ist Altes und Neues Testament als Einheit aufgezeigt. Noch weniger kann ein oberflächlicher Libertinismus sich auf Christus berufen und eine falsch verstandene Freiheit des Geistes als Feigenblatt missbrauchen, um die Blöße eigener Zuchtlosigkeit, Willkür und bequemlichen Sich-gehen-Lassens mühsam zu verdecken. Es kann sich auch eine sektenhafte Berufung auf den Geist mit Ablehnung jeder Autorität nicht mehr auf Christus stützen. Denn Gesetz und Geist, Disziplin und Enthusiasmus, Zucht und Freiheit sind keine Gegensätze, schließen sich nicht gegenseitig aus, sondern müssen im Christentum eine Einheit bilden.

Missdeutungen sind somit für Gutwillige ausgeschlossen. Jetzt, nachdem diese Sicherung eindeutig und unwiderruflich angebracht ist, kann Christus mit allem Nachdruck und aller Ausführlichkeit das Entscheidende betonen, das sein Herzensanliegen ist, um das es ihm bei der menschlichen Haltung vor allem geht: die Gesinnung. Die Bergpredigt ist wesentlich Gesinnungsethik, nicht Leistungsethik, nicht Werkheiligkeit, nicht Anbetung des Erfolges.

Das Gesetz birgt im Religiösen die Gefahr pharisäischer Einbildung in sich. Denn wenn der Mensch das Gesetz hält, seinen äußeren Vorschriften entspricht, kann er vor sich und vor anderen konstatieren, dass er die An-Ordnungen einhalte und infolgedessen ein ordentlicher Mensch sei. Dass er nach Gesetz und Recht handle und somit ein gesetzestreuer Gerechter sei. Bei Christus entscheidet aber nicht das Tun, nicht das äußere Werk, nicht die vollbrachte Leistung, sondern der belebende Geist, die Gesinnung des Herzens. Beim Schächer am Kreuz bildet das ganze Leben eine negative Leistungsbilanz und doch wird er gerettet. Der Pharisäer der Parabel hat dagegen sehr ansehnliche Leistungen aufzuweisen: wöchentlich zwei Fasttage und zehn Prozent Vermögensabgabe zu guten Zwecken. Und trotzdem wird er verurteilt. Das Scherflein der Witwe kann sich quantitativ neben den Opferleistungen der Schriftgelehrten wirklich nicht sehen lassen. Aber die Gesinnung gibt den Ausschlag. Gesinnungsänderung ist die erste Forderung der ersten Predigt Jesu. Gesinnungswandel ist auch das Sanierungsprogramm der Bergpredigt.

Auf verschiedenste Lebensgebiete wendet Christus seine Gesinnungsreform an. Er beginnt mit dem Massivsten, mit Mord und Totschlag. Wenn bisher die verschiedenen Stufen tätlicher Misshandlung, Totschlag und qualifizierter Mord in Israel vor verschiedenen Gerichtsinstanzen zur Aburteilung kamen, so betont Christus, dass die verschiedensten Arten der Misshandlung und Beschimpfung letztlich aus der gleichen Quelle fließen, nämlich aus der verkehrten inneren Einstellung des Herzens, aus einer lieblosen Gesinnung. Diese verkehrte Gesinnung gehört vor diese sämtlichen Gerichtshöfe. Und diese verkehrte Gesinnung müsste bei allen Instanzen zur Verurteilung gelangen. Der Mensch muss sich bewusst sein, dass er bereits auf dem Weg zum obersten Gerichtshof, dem Gericht Gottes, ist und soll sich darum, ehe es zu spät ist, mit den Gegnern versöhnen.

Die gleiche Forderung einer Gesinnungsreform wendet Christus auf dem Gebiet der Ehe an. Die äußerliche Ehescheidung und Trennung ist nur die letzte Auswirkung der inneren Treulosigkeit. Hier muss der Hebel angesetzt werden. Ehegesetze schneiden das Unkraut nur oben weg. Wenn man es nicht mit der Wurzel ausgraben kann, ist das Übel nicht behoben. Seine Wurzel ist die falsche innere Gesinnung. Sie muss bis in die innersten Fasern erneuert werden, nämlich bis zum Begehren, das sich auf andere als den Gatten und die Gattin erstreckt. Auch hier wird die Wichtigkeit der Gesinnungsreform mit drastischen Worten betont. Man soll sich lieber die Hand abhacken und das Auge ausreißen lassen, als sich in die Gefahrenzone des Ehebruches zu begeben. Mit der Forderung dieses Ernstes und dieser innersten Treue des Herzens ist in der Bergpredigt eine Ehemoral aufgestellt, die bis in die letzten Tiefen gräbt und neue Fundamente legt.

Das dritte Gebiet ist das leichtsinnige Schwören. Auch hier geht es Christus nicht um die äußerlichen Worte, sondern um die innere Ehrfurcht. Wer den Namen Gottes gebraucht, soll innerlich immer vor der Majestät des lebendigen Gottes stehen, mit dem Heiligen nicht spielen, das Göttliche nicht in falscher Weise veralltäglichen. Er soll immer um die Distanz wissen und das Heiligtum nicht in ein Wohnzimmer verwandeln.

Das vierte Gebiet ist das Geltendmachen von Rechtsforderungen und das Begehren nach Genugtuung und Rache: Auge um Auge, Zahn um Zahn. Es geht aber nach der Lehre Jesu nicht um den äußeren Rechtsausgleich eines »wie du mir, so ich dir«, sondern es geht auch hier um die innere Gesinnung, die der Liebe den Vorrang gibt und darum immer und trotz allem zum Entgegenkommen bereit ist. Man begleitet den anderen doppelt so weit wie er fordert. Und wenn er den Mantel begehrt, gibt man auch den Rock. Eine bloß äußere Auffassung dieses Wortlauts wäre dem Geiste Christi zuwider, der ja gerade nicht das Äußere betont, sondern die innere Gesinnung: die Bereitschaft zur Versöhnung, den Willen, unter alte Rechnungen einen Strich zu machen, entgegenzukommen, nachzugeben.

Und das letzte, schwierigste Gebiet, der höchste Gipfel, auf den Christus mit seiner Forderung führt, ist das Verhältnis zum Feind. Der Mensch soll zur seelischen Größe Gottes emporwachsen, der seine Sonne Sündern und Heiligen spendet und den befruchtenden Regen auf die Felder der Guten und der Bösen fallen lässt. Selbstlosigkeit der Feindesliebe ist nur dem möglich, der die Dinge nicht vom eigenen Ich her sieht, sondern von Gott her, und ist nur dem verständlich, der bereit ist, über sich selbst hinauszuwachsen und dadurch auf eine rein naturhafte Reaktion, individuelle Vorteile und eigene Rechtsansprüche zu verzichten, um alles in die Hände Gottes zu legen und als Kind Gottes etwas vom Geist des Vaters im Himmel anzunehmen, und so bereit ist, in der Seelengröße echten Christentums jedermann die Hand zu reichen und die Gesinnung der Liebe zum obersten Gesetz zu machen. Hier fallen Gesetz und Geist in eins zusammen, weil durch die Forderung der Liebe das Gesetz den Geist verlangt, die Gesinnung zum Gesetz wird und die Gesinnung alle anderen Gesetze dadurch überwindet, dass sie sie in einem Höheren erfüllt: im Jasagen zum Geist Gottes.

So führt Christus die Linie seiner Gesinnungsethik immer weiter und immer höher, bis zum letzten Geheimnis, bis zur Vollkommenheit Gottes selbst: Seid vollkommen, wie ja auch euer Vater im Himmel vollkommen ist.

Die Gesinnung entscheidet über Wert und Unwert eines Menschenlebens. Nicht das äußere Werk, nicht die Summe der Leistungen, nicht die menschliche Anerkennung, nicht die sichtbaren Erfolge, nicht das, was einen überdauert, sondern die Gesinnung des Herzens, also das, was der Mensch nicht sieht, was aber Gott beurteilt. Diese Gesinnungsreform kann heute nicht stark und laut genug betont werden. Man redet von der Formung neuer Menschen. Aber was hilft die körperliche Ertüchtigung, was nützt berufliche Schulung, was fruchtet geistige Weiterbildung und was besagt staatsbürgerliche Erziehung, wenn die Herzensbildung verkümmert? Man arbeitet an der Erneuerung unserer Familien durch die Forderung von Familienlohn, Ausgleichskassen, Siedlungen usw. Aber was bedeuten diese an sich wichtigen und wertvollen Hilfsinstitutionen, wenn es nicht gelingt, die Seele des Ehe- und Familienlebens zu gesunden, die Gesinnung? Wir entwickeln unser

Schulwesen nach allen Forderungen der Pädagogik und Didaktik, bauen Schulpaläste, arbeiten Schulpläne aus, besprechen uns in Schulsynoden. Aber was nützt es, der Jugend das nötige Wissen beizubringen, wenn in der Schule die Hauptsache vernachlässigt wird, die charakterliche Erziehung, die Herzensbildung, die Gesinnungsbildung? Wir sind besorgt um die Erneuerung des staatlichen Lebens. Aber was hilft die beste Gesetzgebung, eine tadellos funktionierende Verwaltung, eine einwandfreie Rechtsprechung, eine vorbildliche politische Führung und das richtige Zusammenspiel der Parteien, das Ankurbeln von Import und Export, wenn einem säkularisierten Staat das Wichtigste fehlt, die religiöse Gesinnung, die bereit ist, nicht nur dem Staat zu geben, was des Staates ist, sondern auch Gott zu geben, was Gottes ist? Man kann einen Baum von außen her stützen und schützen, auf die Dauer hilft es nichts, wenn die Wurzel abstirbt und der Lebenssaft nicht mehr im Stamm emporsteigt. Man kann einem Kranken durch Chemikalien die Empfindlichkeit für Schmerzen lindern oder nehmen, das Übel ist damit nicht geheilt. Man kann unserem europäischen Kontinent durch ein Vertragssystem, durch die Organisierung der Nationen äußerlich wenigstens auf ein paar Jahrzehnte den Frieden sichern. Die innere Erneuerung der abendländischen Menschheit ist aber unmöglich, wenn man nicht der Kirche die Freiheit gibt, auf allen Kanzeln die Gesinnungsreform zu predigen, in allen Beichtstühlen sie auf die konkreten Einzelmenschen und ihre Lebensgestaltung anzuwenden, durch die Spendung der Sakramente die Kraft zu geben, die den Menschen umgestalten. So ist die Gesinnungsreform der Bergpredigt die wichtigste Forderung der Gegenwart.

WELTFREMD

(Mt 5,29–39)

Wenn dein rechtes Auge dich zur Sünde verführt, reiß es aus und wirf es von dir! Denn es ist für dich besser, dass eines deiner Glieder verloren gehe, als dass dein ganzer Leib in die Hölle geworfen wird. Und wenn deine rechte Hand dich zur Sünde verführt, hau' sie ab und wirf sie von dir! Denn es ist für dich besser, dass eines deiner Glieder verloren gehe, als dass dein ganzer Leib in die Hölle kommt. Es ist gesagt worden: Wer seine Frau entlässt, soll ihr den Scheidebrief ausstellen. Ich aber sage euch, dass jeder, der seine Frau entlässt, außer wegen Unzucht, sie zur Ehebrecherin macht. Und wer eine Geschiedene heiratet, begeht Ehebruch. Ihr habt gehört, dass den Alten gesagt wurde: Du sollst keinen Meineid leisten, sollst aber dem Herrn deine Schwüre halten. Ich aber sage euch, dass ihr überhaupt nicht schwören sollt. Weder beim Himmel, denn er ist der Thron Gottes, noch bei der Erde, denn sie ist der Schemel seiner Füße, noch bei Jerusalem, denn es ist die Stadt des großen Königs. Du sollst auch nicht bei deinem Kopf schwören, denn du vermagst auch nicht ein einziges Haar weiß oder schwarz zu machen. Es soll vielmehr euer Wort sein: Ja sei Ja, Nein sei Nein. Was mehr ist als das, kommt vom Bösen. Ihr habt gehört, dass gesagt wurde: Auge um Auge, Zahn um Zahn. Ich aber sage euch, dass ihr dem Bösen nicht widerstehen sollt. Wer dich auf die rechte Wange schlägt, dem halte auch die andere hin.

Das fünfte Matthäuskapitel ist eine der erstaunlichsten Seiten der ganzen Weltliteratur. Es fordert Reform aus dem Geist, und zwar nicht in abstrakter philosophischer Theorie, nicht in tönendem Programm, nicht in trockenen Gesetzesparagrafen, sondern es zeigt ein leuchtendes, lockendes Ideal und ist zugleich Appell an das Große und Gute im Menschen und ist ein herrischer Imperativ als göttliche und darum im Einzelnen gar nicht begründete oder »bewiesene« Forderung. Und hinter dem Ganzen steht das majestätische, sechsmal wiederholte »Ich aber sage euch!« aus dem souveränen Selbstbewusstsein Jesu. Das Kapitel führt in steilem Anstieg empor bis zu der alle Türme menschlicher Leistungen übersteigenden, ja sogar alle Hochgebirge geschöpflicher Möglichkeiten überragenden absoluten Vollkommenheit Gottes selbst, die sich in Unendlichkeiten verliert: »Seid vollkommen, wie euer Vater im Himmel vollkommen ist!« Die scheinbar unendlich weit auseinanderliegenden Ufer des Menschen und Gottes werden überwölbt vom kühnen Brückenbogen der unglaublich klingenden Forderung einer Gesinnungsgemeinschaft zwischen beiden. Wüsste man nicht, dass Gott gibt, was er fordert, müsste dieses Christuswort einem den Atem verschlagen. Kühneres und Größeres ist kaum je gesagt worden.

Aus dem Zusammenhang dieses gewaltigen Kapitels muss ein Satz noch besonders herausgehoben werden, der eine Revolution des Geistes bedeutet und durch seine aufreizende Formulierung immer wieder leidenschaftlichen Widerspruch, verächtliche Ablehnung oder fanatische Bekämpfung gefunden hat, der Satz: »Widersteht nicht dem Bösen!« (Mt 5,39).

Der Satz scheint fragwürdig. Ist er nicht Zeuge einer naiven Weltfremdheit? Weiß dieser Satz nichts von der Dynamik des Bösen? Von den in ihm aufgestauten Kräften? Von seinem Willen zur Ansteckung und Ausbreitung? Von seiner dämonischen Urgewalt, von seinen Milizen, Trabanten und Helfershelfern?

Nichts von der verzehrenden, sengenden Glut des Hasses? Kann man denn das Böse einfach machen lassen in der Hoffnung, dass seine Wässerlein von selbst versickern, sein hysterisches Geschrei von selbst verstummt und seine Zerstörungspläne von selbst zunichtewerden? Dem Bösen nicht zu widerstehen mag angehen in einer Menschheit paradiesischer Haltung, wenn einmal die Zeit kommt, wo der Löwe neben dem Böcklein lagert, der Bär neben dem Rind und ein kleiner Knabe sie weidet. Dem Bösen nicht zu widerstehen mag ein Ideal sein, das sich in klösterlicher Abgeschiedenheit verwirklichen lässt. Und selbst dort wäre es für einen Abt und eine Äbtissin eine gefährliche Regierungsnorm. Wie soll aber ein Arbeiter dieser Forderung entsprechen, wenn man ihn ausnutzen und missbrauchen will? Wo das Leben fordert, seine Ellbogen zu gebrauchen und sich das Recht mit Gewalt zu sichern, wenn es nicht anders geht? Wie soll ein Geschäftsmann im heutigen Wirtschaftsleben dieses Christuswort verwirklichen, wenn die Konkurrenz mit allen Mitteln ihn *knock-out* schlagen will? Soll der Staatsanwalt seinen Beruf liquidieren, sollen die Gerichte ihre Tore schließen, soll man die Polizei auflösen, soll ein Erzieher das Böse, das im jungen Menschen steckt, sich ruhig entwickeln und entfalten lassen? Und darf man in der Politik dem Intrigenspiel des Bösen mit verschränkten Armen zuschauen oder gar eine feindliche Macht ungestört aufrüsten lassen, bis sie die ganze Welt in die blutigen Strudel des Krieges reißt? Soll man die Großmächte in voller Ruhe Atombomben herstellen lassen, obwohl man weiß, dass eine einzige dieser Bomben eine Großstadt pulverisieren kann? Wie weltfremd klingt das Christuswort in der harten, nüchternen Wirklichkeit des menschlichen Lebens!

Aber der Vorwurf der Weltfremdheit ist im Grunde genommen noch harmlos. Gefährlich ist hingegen die Verachtung, der Spott, den dieser Satz bei allen Jüngern Nietzsches, bei allen

Anhängern des Willens zur Macht, bei allen Rufern nach Kraft und Größe auslöst. Ist die Forderung, dem Bösen nicht zu widerstehen, nicht einfach Proklamierung des passiven Widerstandes, weil zum aktiven die Kraft und die Mittel fehlen? Weil Christus mit den Seinen der pharisäischen Gesetzesmacht, der sadduzäischen Obrigkeit und der römischen Militärgewalt ohnmächtig gegenübersteht? Verzicht auf Widerstand wäre demnach nur vorläufige Taktik mit dem Zuwarten, bis man selber stärker geworden ist, um dann das Schwert zu gebrauchen, sobald es geschmiedet ist. Friedensforderungen als Tarnung der Kriegsrüstung! Ist es ein Wort, das einem schwachen Gemüt entspringt, das weder Saft noch Kraft zum Widerstand hat oder in weltschmerzlichem Pessimismus sich ins Unvermeidliche des Bösen fügt, in stoischer Gelassenheit auch mit der Welt des Bösen sich abfindet? Macht der Christ nicht eine armselige Figur, wenn er Lieder singend, Palmzweige tragend durch das Zeitalter der Technik schreiten will? Evangelium für Schwache, das den Starken entnervt, die Knie des Tapferen lähmt und alle Pläne der Kühnen durchkreuzt?

Die Verurteilung als Utopie, die Ablehnung als Schwäche wird vermehrt durch die schroffe Kampfansage aus Verantwortungsgefühl und aus Liebe zum Guten. Darf man denn wirklich das Böse gewähren lassen? Darf man dem Wucherungsprozess des Bösen nicht Einhalt gebieten? Seinen Schmutzfluten keinen Damm entgegenstellen? Seine prasselnden Feuer nicht löschen? Die Ausbreitung seiner tödlichen Krankheitsbazillen im Menschheitsorganismus nicht hindern? Muss man nicht im Namen der Ordnung in Familie und Staat und Menschheit dieses Christuswort als Weltgefahr brandmarken? Es ist ein Freipass für alles Untermenschliche, eine offizielle Erlaubnis für alles Revolutionäre, Toleranz des Banditenwesens, freie Bahn für die Unterwelt unserer Großstädte und damit Preisgabe der gesamten Kultur. Soll man gegen pornografische

Literatur nichts unternehmen? Kriegsverbrecher ruhig ihre Katastrophenpolitik treiben lassen? Hemmungslose Kapitalisten und zerstörungswütige Anarchisten unbekümmert gewähren lassen? Es wäre das Ende der Zivilisation. Widersteht nicht dem Bösen! Wenn dieses Wort aus seinem Zusammenhang gerissen, für sich allein genommen und unter allen Umständen durchgeführt, ja als einzige Norm christlicher Haltung verkündet wird, ist es eines der gefährlichsten Worte der Bibel, das nicht nach einer Reform aus dem Geiste ruft, sondern einer Deformierung aus dem Ungeist der Illusion, der Schwäche und eines höchst gefährlichen, unverantwortlichen *laisser faire, laisser aller.*

Man könnte sich zur Beantwortung der Frage auf die Vernunft berufen. Und mit Recht! Denn sie wird durch die Bibel nicht ausgelöscht. Neben der Heilsordnung des Evangeliums, im Glauben fassbar, steht die Schöpfungsordnung der Natur, durch die Vernunft erkennbar. Beides sind Ordnungen desselben einen Gottes, widersprechen sich daher nicht. Diese Vernunft wird dem Menschen sagen, dass das Gemeinschaftsleben in der Wirtschaft, im Sozialen, im Staat, in der Völkergemeinschaft gar nicht möglich ist ohne Ordnung, und zwar eine Ordnung, die dem Böswilligen gegenüber auch die nötigen Sanktionen gebrauchen kann, d. h. ihm auch mit Gewalt widerstehen kann und muss. Im 13. Kapitel des Römerbriefes ist das außerdem auch von der Offenbarung her ausdrücklich festgestellt. Man könnte sich auch auf das Gewissen berufen. Es wird durch die Bibel nicht erstickt, sondern geweckt. Dieses Gewissen sagt einem Vater, dass er nicht ruhig zuschauen darf, wenn sein Kind körperlich oder seelisch misshandelt wird, dass also jeder, der für einen anderen gottgegebene Verantwortung trägt, diesen anderen auch zu schützen hat und dass als *ultima ratio* dieses Schutzes auch die Gewalt berechtigt ist.

Da es sich aber um ein Christuswort handelt, ist Christus der zuverlässigste Deuter seines eigenen Wortes, der authentische Interpret seines Gesetzes. Christus hat aber selbst dem Bösen widerstanden, und zwar mit einer Macht und Kraft sondergleichen. Er widersteht dem physischen Übel, denn er heilt die Krankheiten. Er widersteht dem sozialen Übel mit seiner Parabel vom barmherzigen Samariter und vom armen Lazarus und dem reichen Prasser; mit der Drohung des Jüngsten Gerichts für diejenigen, die den sozialen und wirtschaftlichen Übelständen nicht abhelfen und an der Not des Mitmenschen vorübergehen, ohne einzugreifen. Er bekämpft das sittlich Böse, die Sünde, durch Sündennachlassung und durch die harte Forderung, dass der Mensch sich lieber das Auge ausreißen und die Hand abhacken lassen soll als zu sündigen. Er widersteht dem Bösen im religiösen Leben. Aus Stricken flicht er eine Geißel und mit klatschenden Hieben jagt er die Trödler aus dem Tempelvorhof, wirft ihnen die Tische über den Haufen und lässt ihre Geldstücke klirrend über die Fliesen rollen. Diese tumultartige Szene gehört auch zur Erklärung des Wortes »Widersteht nicht dem Bösen!« Er widersteht dem Geist des Bösen vor allem dort, wo es das Volk verdirbt. Darum seine harten, hämmernden Worte gegen die Pharisäer und Schriftgelehrten, gegen eine Autorität, die ihr Amt missbraucht und das Volk verführt, anstatt es zu führen. Schlangenbrut nennt er sie, Natterngezücht, übertünchte Gräber, Söhne des Teufels. Die zündenden Blitze und rollenden Donner seiner gewaltigen Pharisäerreden bilden einen erschütternden Kommentar zur Forderung seiner Bergpredigt. Er widersteht dem Rohling, der ihn ins Gesicht schlägt: »Habe ich unrecht geredet, so beweise es, habe ich recht geredet, warum schlägst du mich?« Er widersteht dem Bösen, wo immer es im Volk sichtbar und spürbar wird, wenn die Massen sich von ihm abwenden und die Umrisse des Kreuzes drohend sichtbar werden. Und er widersteht vor allem dem Bösen schlechthin, der als Urheber hinter aller Böswilligkeit steht, dem Satan. Er redet davon, dass er den Satan binde, hinauswerfe, dass er sein Reich zertrümmere. Neben der Bergpredigt steht auch das blitzende Wort Christi: »Ich bin nicht gekommen, den Frieden zu bringen, sondern das Schwert.« Mit einer Kraft und Kühnheit sondergleichen fordert er diesen Kampf für das Reich Gottes gegen alles Böse.

Ist es ein Widerspruch? Nein. Man muss immer den ganzen Christus nehmen und darf nicht einseitig nur eines seiner Worte gelten lassen. Und man darf diese seine Worte nicht aus dem Zusammenhang reißen, sondern muss jedes an dem Platz lassen, an den Christus es gestellt hat, sonst vergewaltigt man den Sinn seiner Worte und entstellt sie gegen seinen Willen. In der Bergpredigt ist in erster Linie die Rede vom Einzelmenschen. Aber auch bei ihm ist zu unterscheiden zwischen seinem eigenen Recht, auf das er verzichten kann, und den Rechten anderer, die er zu schützen hat.

Wo es sich um Verantwortung handelt, die man anderen gegenüber hat, also der Vater gegenüber den Kindern, die Regierung gegenüber dem Volk, der einzelne Bürger gegenüber dem ganzen Staat und Volk usw., überall dort handelt es sich nicht mehr um Rechte, über die man selbst bestimmen und verfügen kann, sondern um Rechte anderer, für deren Verteidigung man sich einsetzen muss. Und überall dort ist es nötig und gefordert, dem Bösen zu widerstehen. Steht im eigenen, persönlichen Lebensbezirk, in dem ich also verfügen und verzichten darf, ein höheres Gut infrage, dessen Schädigung oder Vernichtung dem Willen Gottes widerspricht, so darf ich ebenfalls einen Angriff nicht stillschweigend hinnehmen. Darum verteidigt sich Christus vor Gericht. Wo es sich aber um ein rein privates, persönliches Leben handelt, da setzt die Forderung der Bergpredigt mit ihrer ganzen Wucht und ihrem unnachgiebigen Ernst ein. Dort muss ich opfern und verzichten können. Im Verkehr Mensch zu Mensch soll also nicht die brutale Reaktion des Zurückschlagens maßgebend sein – Auge um Auge, Zahn um Zahn –, sondern dort soll man schweigend dulden können, um nicht Böses mit Bösem zu vergelten, sondern das Böse durch das Gute zu überwinden. Diese innere Gesinnung, diese grundsätzliche Haltung, diese willensmäßige Einstellung im persönlichen Leben ist es, die Christus fordert.

Ist diese Forderung weltfremd? Ja und nein. Ja in einer Welt, in der Gott fremd geworden ist. Da ist jeder religiöse Mensch ein Fremdkörper. Die Schuld liegt aber dann nicht an ihm, sondern an der Welt. Nein in einer Welt, die noch irgendwie nach Gott fragt und sucht. Da ist eine solche Gesinnung wie ein stilles Licht in der Nacht, wie eine leise Antwort an den Suchenden, eine Friedensbotschaft im Kriegslärm.

Ist es Schwäche? Es ist im Gegenteil höchste Kraft der Selbstbeherrschung, Meisterung leidenschaftlichen Aufbegehrens, Zügelung wilder Triebe. Es ist Glaube an die Kraft und Macht des Guten und damit letztlich an die Kraft und Macht Gottes, der immer stärker ist als das Böse und der immer wieder über alle Dämonien und alles Satanische triumphiert. Es ist Glaube an die Kraft der Liebe, die in Aufbau und Gestaltung stärker ist als zerstörerischer Hass. Schwäche ist dort, wo man an das Gute nicht mehr glaubt, die Ideale preisgibt oder, Gleiches mit Gleichem vergeltend, letztlich den Kampf aller gegen alle heraufbeschwört und damit jede Ordnung in ein Chaos verwandelt. Ist es gefährlich? Das Gegenteil ist gefährlich. Wer die Gewalt fördert, den Geist durch das Schwert ersetzt und die Kraft der Gesinnung durch Maschinengewehre, der schafft Gefahrenherde und Revolutionszentren. Der Wille zur Macht und die Anbetung der Kraft sind die eigentlichen Mächte der Zerstörung. Appell an den Geist der Liebe, an

Selbstbeherrschung ist aufbauende Kraft. Das Christuswort, falsch verstanden, ist weltfremd und eine Weltgefahr. Richtig verstanden ist es ein hohes Ideal und Kraft zur Erneuerung der Welt.

SCHEIN ODER SEIN?

(Mt 5,43–6,18)

Ihr habt gehört, dass gesagt wurde: Du sollst deinen Nächsten lieben und deinen Feind hassen. Ich aber sage euch: Liebet eure Feinde und betet für die, die euch verfolgen, damit ihr Söhne eures Vaters in den Himmeln werdet, der seine Sonne über Bösen und Guten aufgehen und über Gerechte und Ungerechte regnen lässt. Denn wenn ihr die liebt, die euch lieben, was habt ihr dann für einen Lohn? Machen nicht die Zöllner dasselbe? Und wenn ihr nur eure Brüder grüßt, was tut ihr Besonderes? Machen nicht die Heiden dasselbe? Ihr sollt vollkommen sein, wie euer Vater im Himmel vollkommen ist! Gebt acht, dass ihr eure Gerechtigkeit nicht vor den Menschen übt, um von ihnen gesehen zu werden, sonst habt ihr keinen Lohn bei eurem Vater, der in den Himmeln ist. Wenn du also Almosen gibst, posaune es nicht aus, wie die Heuchler es tun in den Synagogen und auf den Gassen, damit sie von den Menschen gepriesen werden. Wahrlich ich sage euch, sie haben ihren Lohn schon erhalten. Wenn du Almosen gibst, soll deine linke Hand nicht wissen, was deine rechte tut, damit dein Almosen im Verborgenen bleibe. Dein Vater, der ins Verborgene sieht, wird es dir vergelten. Wenn ihr betet, seid nicht wie die Heuchler, die sich gern in den Synagogen und an den Straßenecken aufstellen, um zu beten, damit sie von den Menschen gesehen werden. Wahrlich, ich sage euch: Sie haben ihren Lohn schon erhalten. Wenn du betest, geh in dein Kämmerlein, schließe die Tür und bete zu deinem Vater im Verborgenen. Dein Vater, der ins Verborgene sieht, wird es dir vergelten. Wenn ihr betet, plappert nicht wie die Heiden, denn sie glauben, durch ihr Wortemachen Erhörung zu finden. Macht es nicht wie sie. Euer Vater weiß, was ihr braucht, noch bevor ihr darum bittet. Wenn ihr fastet, dann blickt nicht finster drein wie die Heuchler, denn sie entstellen ihr Angesicht, damit die Menschen sehen, dass sie fasten. Wahrlich, ich sage euch: Sie haben ihren Lohn schon erhalten. Wenn du fastest, salbe dein Haupt und wasche dein Angesicht, damit die Menschen nicht sehen, dass du fastest, sondern nur dein Vater im Verborgenen. Dein Vater, der ins Verborgene sieht, wird es dir vergelten.

Die Antwort auf die Mosesfrage nach dem Namen Gottes lautete: »Ich bin der ich bin.« Gott ist der schlechthin Seiende. Darum ist aller bloße Schein seinem eigentlichen Wesen zuwider. Das Sein Gottes ist aber Heiligkeit. Darum ist Scheinheiligkeit wesentlich widergöttlich. Und so ist es nicht verwunderlich, sondern innerlich folgerichtig, dass Christus, dem es um die Ehre des heiligen Gottes zu tun ist, aller Schein-Heiligkeit den schärfsten Kampf ansagt. Wo das Äußere nicht dem Inneren entspricht, wo also der Schein mit dem Sein sich nicht deckt, da ist Unchristlichkeit. Die Bergpredigt ist nicht Leistungsethik, sondern Gesinnungsethik. Wo ein Werk nicht auf den heiligen Gott hin getan ist, ist es ein scheinheiliges Werk. Das Urteil Christi darüber ist voller Ironie. Das Bild des scheinheiligen Pharisäers, der das Gute ausposaunt, anstatt es im Verborgenen zu tun, der mit trübseliger Asketenmaske nach Menschenlob fischt und sich betend ins Rampenlicht der Öffentlichkeit stellt, um seine Heiligkeit bewundern und beklatschen zu lassen, ist mit einem Sarkasmus und einer Schärfe gezeichnet, dass sich seine Konturen nicht mehr verwischen lassen.

Die Scheinheiligkeit ist die Gefahr jeder Religion. Das Christentum fordert Heiligkeit. Wer dieser Forderung nicht entspricht und doch weiß, dass er ihr entsprechen sollte, muss entweder zutiefst zur Sündhaftigkeit stehen, was keiner gerne tut, oder es bleibt ihm nur das Tun-als-ob und damit eben nur der Schein der Heiligkeit.

An den drei wichtigsten »Werken« erläutert Christus seine Gesinnungsforderung: im Almosengeben, im Beten und im Fasten.

Das Wort Almosen stammt aus dem Griechischen und heißt zu Deutsch Barmherzigkeit. Wer als Christ eine helfende Hand hat, soll es aus Barmherzigkeit tun. Das heißt, er soll sich im Herzen der Not anderer erbarmen, die doch als Kinder des himmlischen Vaters seine Brüder und Schwestern sind, und soll aus dieser Erkenntnis und Gesinnung heraus helfen wollen. Wer beim Almosengeben sich selbst sucht, verfällt der Selbstsucht. Während er in Wirklichkeit Gott suchen sollte, sucht und findet er sich selbst. Und so wird sein Tun nicht Gottesdienst, sondern Götzendienst. Wer also nur zum Wohltun bereit ist, wenn sein Name in der Zeitung veröffentlicht, durch den Lautsprecher anderen verkündet und bei der nächsten Generalversammlung gebührend gefeiert wird, ist nur im Schein, nicht im Sein ein Christ. Wer auf den Trümmern und Ruinen unseres Kontinents sich nur an Hilfsaktionen beteiligt, um für seine Partei, seine Konfession oder seinen Staat irgendeinen kollektiv-egoistischen Vorteil zu ergattern, missbraucht im Grunde genommen die fremde Not zu seinem eigenen Vorteil. Der Leidende ist für ihn nur die Stufe, auf der er selbst emporsteigt, geleitet von materieller oder geistiger Profitgier.

Noch bedenklicher ist die Scheinheiligkeit des Betenden. Gebet ist ein Suchen nach Gott. Man löst sich aus der Masse, zieht sich in die Einsamkeit zurück, um nicht mehr abgelenkt zu sein, sondern Gott suchen und finden zu können. Man flieht den Lärm, um in der Stille der Stimme Gottes zu lauschen. Gewiss, man kann Gott auch in der Masse finden und mitten im Trubel von Menschen. Aber nur, wenn man sich gerade dort der Nichtigkeit alles Menschlichen bewusst wird und so innerlich die Umgebung flieht. Man kann auch in Gemeinschaft anderer beten. Aber dann sind es alle, die gemeinsam Gott suchen. Man kann aber nicht vor anderen Gott suchen mit der Absicht, bei diesem Suchen beobachtet und bewundert zu werden. Denn dann sucht man sich selbst und flieht Gott, statt sich selbst zu fliehen und Gott zu suchen. Die Flucht vor Gott hat zum Untertauchen und Aufgehen in der Masse geführt. Das persönliche Gewissen hat sich aufgelöst in der Anpassung an die vielen. Innerer Rückzug aus der Masse, um sich wieder dem lebendigen Gott zu stellen, ist der Weg zur Schaffung neuer Menschen. Stilles Beten in der Einsamkeit ist nicht Zeitverlust und Kraftvergeudung, sondern ist Kräftesammeln, um die Zeit wieder richtig zu nutzen.

Am lächerlichsten ist die Scheinheiligkeit in der Buße. Fasten soll Sühne sein. Wer die Sühne aber zum Sündigen benutzt, verdreht sie in ihr Gegenteil. Er scheint ein Asket und ist in Wirklichkeit ein Genießer. Denn er enthält sich wohl der Speise, aber nur, um seinen Hunger nach Lob zu sättigen. Das Feigenblatt seiner Buße soll die Blöße seiner Selbstsucht decken. Er missbraucht die Religion und bringt sie dadurch in Verruf. Die Selbstverleugnung steht im Dienst der Selbstsucht. Schein und Sein sind Widersprüche geworden. In der Forderung Christi ist es gerade umgekehrt. Entsagung soll mit frohem Sinn und Gesicht getragen werden. Wo Opfer nötig sind, bringt man sie freudig. Die Straße der Entsagung beschreitet man beschwingten Schrittes. Das Nein zum Genuss wird leicht, wenn es aus einem Ja zu Gott geformt wird.

Wenn Christus immer wieder fordert, man solle das Gute im Verborgenen tun, so will er damit keine menschenscheue

Frömmigkeit, keine Religiosität ängstlicher Menschenfurcht, keinen ängstlichen Mangel an Bekennermut, kein duckmäuserisches Nicht-zur-Sache-Stehen. Denn es ist der gleiche Christus, der das Wort von der Stadt auf dem Berge, vom Licht auf dem Leuchter und der Predigt von den Dächern gesprochen hat. Es geht vielmehr einzig und allein um die Säuberung der Gesinnung, die Klärung der Motive, um die eindeutige innere Haltung, um die Festlegung der Linie zu Gott hin und nicht zum eigenen Ich. Um das Suchen Gottes anstelle der Selbstsucht, um Meidung und Zerstörung falschen Scheins und damit die Sicherung des echten, wahren und eigentlichen Seins der Religion. Das Christentum weiß nichts von Kulissen, die Unwirkliches vortäuschen. Von Fassaden, hinter denen eine völlig andere Wirklichkeit steht. Von großen Reden, die das Fehlen großer Taten verschleiern sollen. Von einer trügerischen Fata Morgana, die im Nichts zerrinnt. Von potemkinschen Dörfern, die nur Attrappen sind. Das Christentum ist wesentlich ein ehrliches Suchen nach Gott. Was aus dieser Gesinnung fließt, ist echt und letztlich heilig. Was sich mit dem bloßen Schein dieser Gesinnung begnügt, ist unecht und scheinheilig. Wenn wir einer säkularisierten Welt, die doch im Tiefsten Gott sucht, den Weg zu Gott zeigen wollen, müssen wir selbst Gottsucher sein, denn mit bloßem Schein ist der Welt nicht zu helfen. Schein-Heiligkeit ist die Karikatur des Christentums.

VOM VATERUNSER

(Mt 6,9–15)

So sollt ihr beten:
Vater unser, der du bist in den Himmeln,
geheiligt werde dein Name,
es komme dein Reich,
es geschehe dein Wille
wie im Himmel, so auf der Erde.
Unser tägliches Brot gib uns heute
und vergib uns unsere Schuld
wie auch wir vergeben unseren Schuldigern.
Und führe uns nicht in Versuchung,
sondern erlöse uns von dem Bösen.
Denn wenn ihr den Menschen ihre Verfehlungen vergebt, wird euer himmlischer Vater auch euch vergeben. Wenn ihr aber den Menschen nicht vergebt, wird auch euer Vater eure Verfehlungen nicht vergeben.

Mitten in den Darlegungen über die rechte Einstellung beim Beten steht das Vaterunser. Wie ein erratischer Block, wie ein Gebilde aus einer anderen Welt. Es sprengt den Rahmen. Aber es sprengt notwendig jeden Rahmen. Es ist etwas schlechthin Einmaliges in seiner göttlichen Größe und menschlichen Nähe, seinem Ausgreifen ins Unendliche und zugleich seiner Verbundenheit mit der Erde, mit seiner übermenschlichen Geistesgewalt und doch unbeschreiblichen Einfachheit und Schlichtheit des

Ausdrucks. Darf man überhaupt darüber reden und schreiben? Man darf es, ja man muss es. Aber im Bewusstsein, dass man stammelt, wie eben jedes Reden des Menschen zu Gott und über Gott ein armseliges Stammeln ist. Aber der Unaussprechliche will, dass man zu ihm spreche, und es ist ja ein Gebet zum Vater. Wenn aber Kinder nicht mehr zum Vater sprechen, steht es schlimm.

Wunderbar ausgeglichen und ausgewogen ist schon die Form dieses Gebetes. Die Siebenzahl der Bitten besagt Fülle und Vollendung. Denn es ist die heilige Zahl der Wochentage, die Zahl, die in der Bibel immer wieder auftritt, wenn von Gottes vollendeten Werken die Rede ist. Drei Bitten gehen nach oben, über den Menschen hinaus. Drei Bitten blicken nach unten, ins Untermenschliche des Abgrunds. Und in der Mitte ist die menschliche Achse und menschliche Ebene unseres irdischen Daseins.

Noch wunderbarer ist der Inhalt. Die erste Bitte steigt in steilem Anstieg empor zur höchsten Höhe des Wesens Gottes selbst. Denn der Name Gottes ist Ausdruck seines Wesens und sein Wesen ist Heiligkeit. Es ist die Bitte um ein immer helleres Aufstrahlen, majestätischeres Aufleuchten der Herrlichkeit des allheiligen Gottes. Gott selbst tut seinen heiligen Namen, sein heiliges Wesen kund. Darum die Bitte, dass er es tue und immer mehr tue. Staunende Ehrfurcht, bewunderndes Hingerissensein ist die Wirkung. Es ist die Bitte um das Aufschließen des Himmels. Denn die Bitte geht ja zum Vater im Himmel. Es ist der Wunsch um immer größere Erkenntnis, immer tiefere Liebe zum heiligen Gott. Es ist Ausdruck der *religio,* d.h. des innersten Gebundenseins an Gott. Denn das Wesen Gottes ist allein unseres Wesens Erfüllung.

Das Kommen des Reiches Gottes als Ausdruck der zweiten Bitte ist das Wissen um die unbeschreibliche Gnade, dass Gott sein Wesen tatsächlich kundtut, die Menschen zur Verbundenheit mit ihm und dadurch untereinander ruft, also zur Gottesgemeinschaft im Reich Gottes. Das Gottesreich ist das große Geheimnis der Bibel. Von diesem Reich reden die Propheten, singen die Psalmen, ist ganz Israel mit seinem Königtum, seinem gelobten Land, seinen Festen und seiner Geschichte ein eigenartiges Symbol. Schrittweise kommt das Reich Gottes, denn der Mensch und die Menschheit schreiten langsam auf den Stufen gottgegebener Gnade zu Gott hin. Das Reich Gottes kommt wie die Wasser, die in Kaskaden niederrauschen, von Fels zu Fels, bis sie das Becken menschlicher Armseligkeit füllen. Die zweite Vaterunserbitte redet vom Advent im Inneren der Menschenseele, wenn der Ruf zum Reich Gottes kommt und immer wieder kommt. Sie redet vom Advent der Weltgeschichte durch das Kommen der Kirche zu jeder Generation und jedem Volk und sie redet vom großen Weltadvent der Parusie, wenn Gott dereinst kommt in Macht und Herrlichkeit. Die Feuer in der Ferne lodern immer heller, weil das Lebensschiff des Menschen und der Menschheit sich immer mehr den Gestaden der Ewigkeit und des Jüngsten Tages nähert.

Aber Gottes Reich hat wie irdische Reiche sein Gesetz. Es ist nicht ein Gesetz in den toten Buchstaben eines Verfassungswerkes, in der Kundgabe eines irdischen Herrscherwillens, sondern sein Gesetz ist der Wille des heiligen Gottes selbst. Sein Wille aber ist Liebe. Und so ist die dritte Vaterunserbitte das Einmünden aller Bäche, Flüsse und Ströme des kleinen oder großen menschlichen Wollens in das eine wogende Meer des heiligen Gotteswillens. Es ist das bewusste Jasagen zu allen Forderungen der ewigen Liebe. Und weil es ein Gebet ist, so ist es die Bitte, dass Gott den verkehrten, störrischen Menschenwillen, der in seiner Eigenwilligkeit so oft das Verkehrte will, gänzlich in Anspruch nehme, damit die menschliche Freiheit ein freies Jawort werde zur Forderung, die Gott an die

Freiheit stellt, Er, der die Freiheit geschenkt hat, damit die Schöpfung nicht eine mechanisch ablaufende Maschine sei, sondern freies Lieben und damit seine Verherrlichung und des Menschen Erhebung.

Und in der Mitte steht die schlichte Bitte ums tägliche Brot als Ausdruck aller menschlichen Not und der Grundlage menschlichen Daseins. Es ist das Brot als Nahrung unseres leiblichen Lebens. Und es ist auch geistiges Brot als Nahrung der Seele. Alles, was der Mensch braucht, um zu leben, liegt in diesem Wort. Jeder Tag ist in die Hände Gottes gelegt und ist damit ein Empfangen aus den Händen Gottes. Es ist aber nicht ein Notschrei der Gequälten und Hungernden, sondern das ruhige Vertrauen, das sich geborgen weiß in der Vorsehung des Vaters im Himmel. Alles ist an Gott gebunden, auch das alltägliche Kleine, der Bedarf unseres Leibes, das Weiterführen des Lebens von Tag zu Tag. Auch das Kleinste, das Stücklein Brot, hat damit seine Weihe und seinen Segen. Alles, wessen der Mensch bedarf, ist durch diese Bitte eingetaucht in die purpurne Pracht der Größe Gottes. Auf allem liegt der feierliche Glanz der göttlichen Majestät. Alles wird geheiligt, denn gerade vom Brot weiß der Christ, dass es in der Messe verwandelt wird in den Leib des Herrn. So wird auch der Mensch mit seinem Leib und seiner Seele durch die Gnade umgewandelt zur Gottähnlichkeit.

Der Mensch ist hineingestellt in die Mitte zwischen zwei große Geheimnisse, das Geheimnis der Liebe Gottes und das *Mysterium iniquitatis,* das helle Geheimnis der Gnade und das dunkle Geheimnis der Sünde. Das Verhältnis Gott und Mensch ist nicht nur die Beziehung zwischen Schöpfer und Geschöpf, sondern zwischen heiligem Gott und sündigem Menschen. Der Mensch ist von seinem Niveau abgesunken ins Untermenschliche des Sünders. Und zwar handelt es sich dabei nicht um ein einmaliges Geschehnis, sondern um ständige Wiederholungen dieses Falles. Darum steht in dieser Bitte, und nur in dieser, die Mehrzahl: Vergib uns unsere Schuld. Das Böse hat sich gehäuft und der Mensch kann allein diesen Haufen nicht wegschaufeln. Es ist ihm nur zu helfen, wenn Gott Gnade vor Recht ergehen lässt, wenn der göttliche Gläubiger dem Menschen seine Schuld vergibt. Diese fünfte Vaterunserbitte ist das *Miserere* (»Gott sei mir gnädig«, Anm. d. Verl.) und das *De profundis* (»Aus der Tiefe [rufe ich zu dir, o Herr], Anm. d. Verl.) der gefallenen Menschheit. Sie ist das Bekenntnis, dass man ausgeliefert ist auf Gnade und Barmherzigkeit, dass man eben an diese Gnade und diese Barmherzigkeit appelliert. Es ist der verlorene Sohn, der heimkehrt zum Vater, aber diesmal schon um den Empfang mit offenen Armen, um Festlichkeit, Musik und ein neues Leben weiß. Freilich ist hier eine Bedingung beigefügt. Der Mensch darf nicht mit Gottes Gutherzigkeit rechnen, um dann anderen gegenüber hartherzig zu sein. »Wie auch wir vergeben unseren Schuldigern« ist die Bereitschaft zur Versöhnlichkeit, zur Liquidation von Streitigkeiten, zu Verständigung und Ausgleich. Die Parabel vom hartherzigen Knecht ist der Kommentar zu dieser Vaterunserbitte.

Die Sünde ist aber ein derartiger Einbruch im Menschenleben, eine alles grauenhaft zerstörende Katastrophe, dass alle Straßen, die zu diesem Abgrund führen, abgeriegelt werden müssen. Daher die sechste Bitte, dass Gott uns nicht in Versuchung führe. Gott kann den Menschen nicht zur Sünde reizen. Es wäre ein Widerspruch zu seinem innersten Wesen. In diesem Sinne ist Versuchung hier nicht gemeint. Es kann aber auch andererseits nicht gemeint sein, dass Gott den Menschen nicht prüfe. Denn Prüfung im Sinne von Entscheidung, vor die man gestellt wird, gehört wesentlich zum menschlichen Leben und seinem sittlichen Wert. Dazu hat der Mensch sein Gewissen und die Hilfe der Kirche. Es wäre somit sinnlos, darum zu beten, dass einem jegliche Prüfung erspart bliebe. Der Sinn ist vielmehr der, dass Gott den Menschen nicht bis an den Rand seiner Kräfte prüfe, also ihn nicht in die eigentliche Gefahrenzone gelangen lasse, in der der Mensch zum Straucheln und zum Fallen kommt. Die Bitte ist ein Eingeständnis des Misstrauens gegen die eigene Kraft, ist Erkenntnis der eigenen Schwäche und Armseligkeit. Der Mensch weiß sich in dieser Bitte auf Gottes Kraft und Hilfe angewiesen. Nur wenn Gott in seiner Vorsehung den Menschen vor den eigentlichen, ernsten Gefahrenzonen bewahrt, wird er gerettet.

Und schließlich fasst die letzte Vaterunserbitte alles in eins, was den Menschen drückt und quält, belastet und belästigt. Die dunkle Frage des Übels in der Schöpfung taucht hier auf. Alles, was es an menschlichem Elend gibt: körperliche Krankheit, wühlender Schmerz, seelische Qual der Einsamen und Verlassenen, der Verfolgten und Misshandelten, der Verachteten und Verleumdeten, aller Jammer der Menschheit, das düstere, unheimliche, wogende Meer des Leidens, alles droht und geistert, schreit und fleht, klagt und stöhnt in diesem Wort »Übel«. Die Vaterunserbitte geht zu dem, der allein diese Sümpfe trockenlegen kann. Der allein die Wasser dieser Sintflut zum Abfluss bringt. Der allein die Sonne in diese dunklen Nächte scheinen lässt. Der allein den Frühling auch nach diesen Wintern zum Aufbrechen bringt: zu Gott dem Herrn. Zu ihm, der am Ende der Erschaffung der Welt feierlich erklärt: »Und er sah, dass es gut war!« Zu ihm, in dessen Werk der Mensch durch Missbrauch seiner Freiheit das Böse trägt. Zu ihm, der in unendlicher Liebe immer wieder den Regenbogen des Friedens in die Wolken der Sünde wölbt. Manche Schrifterklärer deuten die Bitte noch anders. Unter dem Übel verstehen sie nicht das Böse, sondern den Bösen, also Satan. So beginnt also das Vaterunser auf der höchsten Höhe Gottes und endet in der tiefsten Tiefe des Teufels und der Hölle. Es umspannt und umklammert alle Wirklichkeit von zuoberst bis zuunterst und trägt das Ganze mit den mächtigen Armen des Betenden zu Gott hin, zum Vater, der da ist in den Himmeln, wohl wissend, dass dort und dort allein alles richtig aufgehoben und gut geborgen ist. Es liegt über dem ganzen Gebet eine unendliche Ruhe, ein schlichtes Vertrauen, eine stille Gelöstheit.

Ist dieses Gebet jemals unmodern? Ist es nicht gerade heute, wo das Wirtschaftliche und Materielle zu ausschließlich die Not des Menschen zu bilden scheint, jedenfalls im Denken und Sorgen der Menschen einen zu breiten Raum einnimmt, ein Gebet, das wieder das Entscheidendste bloßlegt: die Überwelt Gottes und die Unterwelt des Bösen. Es weist dem Menschen wieder seinen Standort an und gibt ihm dort die rechte Haltung: das schlichte Beten zum Vater im Himmel.

SORGET NICHT ÄNGSTLICH!

(Mt 6,19–34)

Sammelt euch nicht Schätze auf der Erde, wo Motte und Wurm sie vernichten und wo Diebe einbrechen und stehlen. Sammelt euch vielmehr Schätze im Himmel, wo weder Motte noch Wurm sie vernichten und wo Diebe nicht einbrechen und nicht stehlen. Denn dort, wo dein Schatz ist, da ist auch dein Herz. Das Licht des Körpers ist das Auge. Wenn nun dein Auge gesund ist, ist dein ganzer Körper im Licht. Wenn dein Auge aber krank ist, ist dein ganzer Körper in Finsternis. Wenn nun das innere Licht in dir Finsternis ist, wie groß ist dann die Finsternis! Niemand kann zwei Herren dienen. Entweder wird er den einen hassen und den anderen lieben oder dem einen anhängen und den anderen verachten. Ihr könnt nicht Gott dienen und dem Mammon. Darum sage ich euch: Seid nicht ängstlich besorgt um euer Leben, was ihr essen, und um euren Leib, was ihr anziehen werdet. Ist das Leben nicht mehr als die Nahrung und der Leib nicht mehr als die Kleidung? Betrachtet die Vögel des Himmels: Sie säen und ernten nicht und sammeln nicht in Scheunen und euer himmlischer Vater ernährt sie. Seid ihr aber nicht viel mehr wert als sie? Und wer von euch kann mit seinen Sorgen seiner Lebenslänge auch nur eine Elle beifügen? Und was seid ihr ängstlich besorgt um die Kleidung? Lernt von den Lilien des Feldes, wie sie wachsen. Sie arbeiten nicht und spinnen nicht. Ich sage euch aber, dass selbst Salomo in all seiner Pracht nicht gekleidet war wie eine Einzige von ihnen. Wenn aber

Gott das Gras des Feldes, das heute steht und morgen in den Ofen geworfen wird, so kleidet, wird er das nicht viel mehr auch euch tun, ihr Kleingläubigen! Sagt also nicht ängstlich besorgt: Was werden wir essen? Was werden wir trinken? Womit werden wir uns kleiden? Auf all das gehen die Heiden aus. Euer himmlischer Vater weiß, dass ihr all das braucht. Suchet zuerst sein Reich und seine Gerechtigkeit und all das wird euch dazugegeben. Seid nicht ängstlich besorgt um den morgigen Tag. Denn der morgige Tag sorgt für sich selbst. Jeder Tag hat genug an seiner Plage.

Ist das Christentum weltflüchtig? Es weist immer wieder auf das Jenseits, betont die Vergänglichkeit des Irdischen, warnt vor den Verführungskünsten der Welt, predigt gegen den Mammon. Tausende fliehen in Einsamkeit oder gehen ins Kloster. Der braune Habit mit Sack und Strick demonstriert die Weltverachtung. Und die kleine, kahle Zelle des Kartäusers ist die Verkörperung der *fuga saeculi* (»Flucht vor der Welt, Anm. d. Verl.). Und doch hat das Christentum alle Wirklichkeit und Schönheit der Welt in seinen Gottesdienst miteinbezogen. Es hat *Summen* geschrieben und Dome gebaut, Messen komponiert und Mysterienspiele geschaffen. Es ist heimisch in der Welt der Farben, der Töne und des Rhythmus. Es liebt Kunst und Forschung. Es sieht zwischen Mönchszelle und Kultur des Barock wohl einen Unterschied, aber keinen Gegensatz. Die Formel für die objektive Gegebenheit ist im Exerzitienbuch des heiligen Ignatius kurz und treffend in die Worte gefasst: »Alles ist auf den Menschen hin erschaffen, um ihm zu helfen, das Ziel zu erreichen, zu dem hin er geschaffen ist.« Darin liegt die Bejahung der ganzen Welt mit allem, was zu ihr gehört, aber zugleich die Zielrichtung auf den Menschen hin und durch diesen zu Gott hin. Also alles zur größeren

Verherrlichung Gottes. Das Gleiche liegt in der paulinischen Formulierung: »Alles ist euer, ihr aber seid Christi, und Christus ist Gottes.« Die Schwierigkeit liegt nicht in der objektiven Ordnung, sondern in der subjektiven Haltung. Der Mensch müsste der Welt gegenüber die nötige Distanz und innere Freiheit haben, jene seelische Gelassenheit und Gelöstheit, die Ignatius Indifferenz nennt, aus der heraus dann allein die richtige Entscheidung zu dem jeweiligen Ja oder Nein getroffen werden kann. Diese seelische Haltung des Darüberstehens ist nicht vorhanden. Das zeigt sich am meisten im alltäglichen Leben, in der Einstellung des Menschen zu Nahrung und Kleidung, zu Geld und Vergnügen. Der Mensch sollte besitzen. In Wirklichkeit wird er besessen. Das gilt von denen, die wenig oder nichts haben. Ihr ganzes Sinnen und Trachten kreist um das Suchen und das Habenwollen. Es gilt von denen, die etwas haben. Ihr ganzes Bemühen gilt der Erhaltung und Vermehrung dessen, wovon sie besessen sind. Und es gilt am meisten von denen, die viel und sehr viel haben. Sie haben nie genug. Sie erliegen der kapitalistischen Gier und sind die Besessensten und Unfreisten von allen. Man hat im Materialismus diese Vorrangstellung des Irdischen, und zwar des Materiell-Irdischen, zum Grundsatz erhoben und die traurige Wirklichkeit hochoffiziell sanktioniert.

Die Bergpredigt ist Gesinnungsethik. Und so geht es Christus auch in dieser Frage der Bedeutung des Irdischen vor allem um die Gesinnung. Mit souveräner Ruhe, durchsichtiger Klarheit und eindringlichem Ernst legt er die Gewichte auf die andere Waagschale. Nicht Primat des Irdischen und dann, sofern noch Zeit und Kraft vorhanden ist, der Gedanke ans Reich Gottes, sondern umgekehrt: Suchet zuerst das Reich Gottes und seid infolgedessen nicht ängstlich besorgt um das Irdische. Was hätte es auch für einen Sinn, auf Irdisches auszugehen! Alles ist der Vergänglichkeit unterworfen. Alle Kleiderpracht in verschlossenen Truhen und Schränken wird von den Motten verzehrt und metallische Schätze können vom Rost zerfressen werden. Und selbst wo Naturgewalten unwirksam sind, ist Besitz und Reichtum der Arglist und dem Zugriff feindlicher Menschen ausgeliefert. »Sammelt euch nicht Schätze, die von Dieben gestohlen werden können.« Sind nicht heute durch Krieg, Bombardierungen, Steuermaßnahmen und Inflationen Tausende und Millionen von Menschen um Hab und Gut gebracht worden, für das sie ein Leben lang gesorgt und gekämpft hatten? *Vanitas vanitatum!* (»Eitelkeit der Eitelkeiten, alles ist eitel«, Anm. d. Verl.). Der Mensch ist für Unvergängliches geschaffen. Er soll nicht im Bann des Vergänglichen stehen und soll nicht seine unsterbliche Seele an Sterbliches verkaufen. Selbst wenn er sein Besitztum wahren kann, ist ihm nicht geholfen, denn der Reichtum verblendet. Wenn der Blick auf das Irdische geht, ist der Ausblick ins Göttliche nicht mehr frei. Das innere Licht ist verdunkelt oder erloschen. »Wenn das Licht in dir Finsternis ist, wie groß muss dann die Finsternis sein!« (Mt 6,23). Wer als Christ in der Welt lebt, meint gelegentlich, in einem Blindenheim zu sein. Sie haben Augen und sehen nicht. Die Besessenheit durch das Irdische kann so weit gehen, dass sie zur wirklichen Dämonie wird, die den Menschen völlig von Gott wegführt. Der Besitz wird zum Götzen, der an die Stelle Gottes tritt, der Kult Mammons anstelle des Gottesdienstes. Dann gilt die schroffe Entscheidungsforderung Christi: »Man kann nicht zwei Herren dienen.« Der Mensch muss Stellung beziehen für Gott oder für den Götzen. Für den lebendigen Gott der Herrlichkeit oder für den kalten, toten Götzen Mammon.

Aber selbst dort, wo der Mensch es nicht so weit kommen lässt, wo er im Wesentlichen die Linie auf Gott und die Ewigkeit einhält, erliegt er immer wieder der Gefahr, innerer Unruhe und ängstlicher Sorge ums Irdische zu verfallen. Diese

Sorge füllt den größten Teil seiner Zeit aus und nimmt den breitesten Raum seines Lebens ein. Dieser Sorge gilt seine Tagesarbeit, sein Sparen, sein Rechnen und Planen, sein Blick in die Zukunft. Sie liegt auf ihm wie eine Last und steht vor ihm wie eine schwierige Aufgabe. Sie ist die Atmosphäre, in der er lebt. Sie stört seine Ruhestunden und schafft ihm schlaflose Nächte. In diese Unfreiheit des Menschen fällt das Wort Christi: »Sorget nicht ängstlich um euer Leben, was ihr essen und was ihr trinken, oder um euren Leib, was ihr anziehen sollt.« Dieser Ängstlichkeit, diesem Unruhigen und Schreckhaften, diesem Gequälten und Gejagten stellt sich Christus entgegen. »Betrachtet die Vögel des Himmels und die Lilien des Feldes.«

Ist dieses Christuswort heute noch berechtigt? Ist es nicht Ausfluss einer anderen Zeit, in welcher man sich nicht nach dem Stundenschlag und nach der Stoppuhr richten musste, sondern noch in Ruhe auf den Gang der Sonne und den Lauf der Gestirne achten konnte? Ist es nicht Erinnerung ans ruhige Leben des alten Orients, wo das, was heute nicht zu leisten war, ruhig auf morgen und übermorgen verschoben werden konnte oder schließlich auch unerledigt liegen bleiben durfte? Können wir in der Zeit des Autos und des Flugzeugs, des Telefons und Radios, der festgesetzten Bürostunden und der unerbittlichen Terminarbeit, des Akkordlohnes und der Leistungsethik uns noch an diese unbeschwerten Christusworte halten? Das übersetzte Tempo der Technik und der rasende Run der Wirtschaft reißen alle unwiderstehlich mit wie der Schnellzug die Blätter am Rande der Schienen. Man mag im einsamen Bergdorf und im stillen Tal, im beschaulichen Frieden des Klosters nach dieser Bergpredigt leben können. Aber soll der Mensch sich danach richten im Gewühl der Städte, eingespannt in den Rahmen vorgeschriebener Berufsarbeit, belastet mit der Verantwortung für das Fortkommen einer ganzen Familie, unerbittlich ausgeschieden und beiseitegeschleudert, wenn er nicht den ganzen Einsatz seiner Kraft macht? Die Frontstellung Christi gilt nicht der Sorge um Nahrung und Kleidung, sondern der Ängstlichkeit dieser Sorge, der inneren Unruhe, der Panik, dem Absorbiertwerden, der verzweifelten Angst. Sorget nicht ängstlich! Das Christuswort will den Menschen aus dem tollen Wirbel und wilden Strudel herausreißen und ihm wieder die Herrschaft und Würde des Darüberstehens geben, die innere Freiheit dessen, der sich letztlich in der Vorsehung Gottes, des himmlischen Vaters, geborgen weiß. Die Forderung der Bergpredigt: »Sorget nicht ängstlich!«, ist kein Lob der Faulheit, keine Heiligung des Nichtstuns, kein Programm eines *dolce far niente* und keine Seligpreisung des Lebensuntüchtigen. Im gleichen Neuen Testament steht das Wort: »Wer für die Seinen nicht sorgt, ist schlimmer als ein Ungläubiger.« Und dort steht das Wort: »Wer nicht arbeitet, soll auch nicht essen.« Die Pflicht zur Arbeit bleibt. Auch die Sorge um das tägliche Brot bleibt. Sie findet in der gleichen Predigt ihre Formulierung in der Vaterunserbitte ums tägliche Brot. Denn diese Bitte ist Ausdruck innerer Sorge und strömt nicht aus der Sorglosigkeit dessen, dem alles in Fülle zur Verfügung steht. Aber der Christ ist nicht ein Mensch der Angst und des Bangens. Er ist nicht ein Mensch der Verzweiflung und der wilden Gier. Er hat Distanz und innere Freiheit. Es ist nicht die stoische Philosophie des Unnahbaren, die kalte Distanz des Weltverächters und des stolzen Übermenschen, sondern es ist der schlichte Glaube an den Vater im Himmel. Es ist die Geborgenheit in der Gnade und Hilfe Gottes. Es ist das Wissen um das Eingebettetsein in die Allmacht Gottes und um das Gehaltensein von der Liebe Gottes.

Auch die Vögel des Himmels müssen ihre Nahrung suchen. Man beobachte doch eine Amsel, wenn sie für die Jungen im Nest das Futter sucht. Auch die Lilien des Feldes arbeiten. Aus dem Boden und aus der Luft saugen sie Nahrung und

Lebenskraft. Aber der Vogel hat keine schlaflosen Nächte der Verzweiflung und die Blume kennt keine Panik. Und doch singen diese Vögel und blühen diese Blumen. In der Schöpfungsordnung Gottes ist für alle gesorgt. Und in der Weltordnung des himmlischen Vaters ist auch für die Menschen gesorgt, wenn sie auf Gott schauen, zu Gott beten und im Reich Gottes leben wollen. Wenn die Menschen aus eigener Kraft alles schaffen wollen, errichten sie babylonische Türme, die alle mit dem Einsturz enden. Wenn sie auf Gott schauen, nach seinem Gesetz und seinem Willen ihr Leben gestalten und vom Glauben an ihn getragen sind, werden sie miteinander in Frieden leben und in gemeinsamer Arbeit allen eine Existenz sichern und ein ruhiges Leben ermöglichen können. Aber eben, wenn ... Sie haben die Zielrichtung verloren und stoßen in tollen Wirbeln immer wieder aufeinander. Sie haben den Glauben verloren und sind darum in die angstvollen Nächte des Unglaubens gefallen.

Die Bergpredigt ist keine Propaganda der Weltflucht, aber eine Mahnung und Warnung vor der Verweltlichung. Sie ist Einbau des Irdischen ins Überirdische, Einbau der Welt ins Reich Gottes und damit Geborgenheit des gläubigen Menschen und seiner Sorgen in der Vor- und Fürsorge des himmlischen Vaters. Sie ist Verkündigung der Gotteskindschaft und damit der Haltung innerer Ruhe und inneren Friedens. Also nicht Worte für eine andere Zeit und eine andere Welt, sondern Frohbotschaft gerade für unsere Zeit und unsere Welt.

FALSCHE UND WAHRE REFORM

(Mt 7,1–6)

Richtet nicht, damit ihr nicht gerichtet werdet. Denn mit dem Gericht, mit dem ihr richtet, werdet ihr gerichtet werden. Und mit dem Maß, mit dem ihr messt, werdet auch ihr gemessen werden. Was siehst du den Splitter im Auge deines Bruders und siehst in deinem Auge den Balken nicht? Oder was sagst du zu deinem Bruder: Lass mich den Splitter aus deinem Auge ziehen. Und siehe, der Balken ist in deinem Auge. Du Heuchler! Entferne zuerst den Balken aus deinem Auge, dann magst du den Splitter aus dem Auge deines Bruders ziehen. Gebt das Heilige nicht den Hunden und werft die Perlen nicht vor die Schweine, damit sie sie nicht mit ihren Füßen zertreten, sich umwenden und euch zerreißen.

Christus ist im Reden nicht zimperlich. Er spricht in scharf geschliffenen Sätzen, gebraucht kühne Worte und gewagte Bilder. Man lese nur das Gleichnis vom reichen Prasser und vom armen Lazarus. Man denke an das Wort vom Kamel und vom Nadelöhr oder an die Vorwürfe »Schlangenbrut und Natterngezücht« an die Adresse der Pharisäer. Die Bürger und Schulmeister zur Zeit Christi haben an dieser Sprache Anstoß genommen. Und auch uns wäre es ein schweres Ärgernis, wenn wir uns nicht leider schon allzu sehr daran gewöhnt hätten. Es wäre gut, von Zeit zu Zeit über diese harten, herausfordernden Worte zu stolpern, um ihre schneidende Schärfe und ihren unheimlichen Ernst wieder schmerzlich zu verspüren.

Zwei kühn formulierte Sätze gebraucht Christus auch in der Bergpredigt, um unser Verhältnis zum Mitmenschen zu zeichnen. Der erste Satz lautet: »Was siehst du den Splitter im Auge deines Bruders und siehst nicht den Balken in deinem eigenen Auge!« Nun hat gewiss noch nie ein Mensch einen Balken in seinem Auge gehabt. Kann ihn nicht gehabt haben. Aber gerade diese massive Formulierung soll den Menschen aufrütteln und soll das schwierige, fast unmögliche Werk der Selbsterkenntnis und Selbstkritik betonen. Das Wort »Kritik« besagt in seinem ursprünglichen griechischen Sinn »zu Gericht sitzen«, ein Urteil fällen, einen richterlichen Entscheid treffen. Nun sollen wir aber als Christen nicht Richter sein, sondern im Bewusstsein leben, dass wir vor Gericht stehen, vor dem Gericht der Menschen, die auf uns schauen und uns beurteilen. »Das Urteil, das ihr fällt, wird auch über euch gefällt. Mit dem gleichen Maße, mit dem ihr andere messt, werdet auch ihr gemessen.« Schon die Rücksicht auf uns selbst und unser Schicksal sollte uns somit abhalten, über andere hart zu urteilen. Wir sind auf ein gnädiges Urteil angewiesen, sollten darum auch selber gnädig urteilen. Vor allem aber sind wir dem Gericht Gottes ausgeliefert, vor dem jeder steht und keiner besteht. Die Kritik Gottes werden wir nicht ertragen können, sollten also in eigenstem Interesse beim Kritisieren vorsichtig sein. Und doch ist das Gegenteil der Fall. Jeder maßt sich Richterbefugnis an über alle, nur nicht über sich selbst.

Das gilt im politischen Leben. Wie verstehen wir Eidgenossen es doch vortrefflich, andere zu schulmeistern. Mit der Berufung auf unsere Demokratie, unseren Föderalismus, unsere Neutralität und unsere Freiheit dozieren wir den anderen immer wieder, wie sie es hätten tun müssen, wie sie es jetzt machen sollten und wie sie es in Zukunft angreifen müssten. Und wie viel wäre doch im eigenen Haus in Ordnung zu bringen! Wie untergraben wir in Wirklichkeit eine gesunde Demokratie durch hemmungslose Demagogie! Wie haben wir den Föderalismus durch immer weitergehende Zentralisierung ausgehöhlt! Und wie leicht wird unsere Neutralität durch die Anbetung des Erfolges nach rechts oder nach links ins Schwanken gebracht! Wie sehr ist unsere Freiheit oft noch beeinträchtigt durch Vergewaltigung von Minderheiten oder durch Verwechslung mit Hemmungslosigkeit! Wir wollen nicht die Lehrmeister Europas spielen und in pharisäischer Selbstgefälligkeit uns rühmen, wie herrlich weit wir's gebracht haben, sondern lieber den Balken aus dem eigenen politischen Auge ziehen und unser Staatswesen und politisches Leben so aufbauen und gestalten, dass es ohne große Worte für sich selbst spricht.

Das Gleiche gilt im sozialen Leben. Die Besitzenden schimpfen über die »Kommunisten«, denen nichts heilig sei und die jede Ordnung in Anarchie verwandeln wollen. Und die Proletarier wettern gegen die Kapitalisten, denen es nur um ihren Geldbeutel gehe und die sich jeder sozialen Reform widersetzen, anstatt dass die Besitzenden in Selbstkritik sich ernstlich die Frage stellten, ob sie nicht selbst schuld seien an der ungerechten Verteilung des Eigentums und an den sozialen Missständen. Selbstkritik würde dem revolutionären Proletariat zum Bewusstsein bringen, dass es ihm in Wirklichkeit oft genug nicht um die Gerechtigkeit geht, sondern um den Besitz und um die Macht, also eigentlich um eine andere Rollenverteilung, durch welche in der Diktatur des Proletariats die jetzt Besitzenden entrechtet und vergewaltigt würden.

Das Gleiche gilt im geistigen Leben, wenn Schule gegen Schule, Meinung gegen Meinung steht. Durch die Kampfstellung späht man nach Schwächen des Gegners, um sofort den vergifteten Pfeil der Kritik darauf zu richten, anstatt im eigenen Lager in ehrlicher Sachlichkeit die Fragen immer wieder durchzudenken, um schließlich in gemeinsamer Arbeit nach dem gemeinsamen Ziel der Wahrheit zu streben.

Vor allem aber gilt es im religiösen Leben. Die Frommen schimpfen über die Gottlosen da draußen, die schuld seien an der Säkularisierung des Lebens und damit am ganzen heutigen Durcheinander. Prediger auf den Kanzeln wettern gegen die Atheisten, Referenten in Vereinen und Redner in Volksversammlungen wälzen die Verantwortung auf die anderen ab, im stillschweigenden, selbstgefälligen Bewusstsein, eine weiße Weste zu haben und vor Gott und den Menschen bestehen zu können. Und doch würde es am Gebälk nicht fehlen, das man sehen und aus dem eigenen Auge entfernen müsste. Sind kirchliche Kreise nicht häufig selbst daran schuld, dass die anderen draußen stehen und keine Lust verspüren, hereinzukommen? Ist die Art, wie wir reden, wie wir leben, wie wir unser Vereinsleben gestalten, wie wir schreiben, wie wir Gottesdienste halten, vor allem, wie wir unser Christentum im Alltag betätigen, wirklich so, dass es eine unwiderstehliche Anziehungskraft bedeutet? Dass es wirkt wie ein Magnet auf die Eisenspäne, wie ein Feuer auf die Frierenden und wie die Sonne auf den Frühlingsboden? Religiöse Selbstgefälligkeit muss durch Selbstkritik abgelöst werden. Denn es wäre Zimmermannsarbeit zu leisten, um die Balken im eigenen Auge zu entfernen.

Es gilt weiterhin und vor allem für den Einzelmenschen im religiösen Leben. Er soll nicht andere durchhecheln und selbst gut bestehen wollen. Er soll nicht alle fremden Wasser durch den Rechen der eigenen Kritik strömen lassen, um dann triumphierend aufzeigen zu können, wie viel Ungehöriges mitschwimme. Er soll nicht mit dem langen und knochigen Finger seiner Kritik auf jeden dunklen Fleck, auf jede wunde Stelle beim Mitmenschen zeigen, um so alles zu entblößen, was mit dem Mantel der Liebe zugedeckt werden sollte, sondern er müsste vor allem in ehrlicher Gewissenserforschung seine eigene Armseligkeit erkennen und anerkennen.

Wahre Reform beginnt bei sich selbst. Nur wer das *mea culpa, mea culpa, mea maxima culpa* ehrlich spricht, darf auch an der Besserung anderer mitarbeiten. Nur wer weiß, dass er ein Sünder ist, kann an der Heiligung der Menschen wirken. Denn er tut es dann nicht mehr in der Einbildung, der Scheinheiligkeit, mit der gnädigen Herablassung des Höherstehenden, sondern nur noch als Werkzeug Gottes, als Sünder unter Sündern. Wenn wir von der Schaffung neuer Menschen reden und von der Formung einer neuen Generation, ist die dringlichste Aufgabe, dass jeder bei sich selbst beginne. Reform besagt, die eigene missgestaltete Form durch Gott wieder in die ursprüngliche Form des Bildes Gottes umgestalten zu lassen und an diesem Umformungsprozess nach besten Kräften mitzuwirken.

Der zweite Satz Christi klingt womöglich noch härter und aufreizender: »Gebt das Heilige nicht den Hunden preis und werft die Perlen nicht vor die Säue.« Nun soll der Christ gewiss ein bekennender Mensch sein, furchtlos bekennend. Denn er hat die Sendung zu den anderen hin, soll Licht der Welt und Salz der Erde sein. Christus gebraucht sogar das Wort der »Predigt von den Dächern«. Nichts liegt ihm ferner als Menschenfurcht. »Wer mich vor den Menschen bekennt, den werde ich auch vor meinem Vater bekennen, der im Himmel ist.« Aber es gibt bei der Verkündigung auch eine Diskretion. Wir arbeiten nicht mit den Methoden der Heilsarmee. Gott ist etwas so Heiliges, dass man nur mit Ehrfurcht von ihm spricht. Man redet von ihm nicht ohne Weiteres im Wirtshaus und spricht von ihm nicht in jedem zweiten Satz. Der Mensch soll sich bemühen, ständig mit Gott verbunden zu sein, aber er soll nicht ständig von ihm reden. Indiskretes Sprechen von Gott liefert die Religion dem Gespött aus und vermehrt die Angriffe. Nichts soll man weniger den anderen aufdrängen als die religiöse

Überzeugung. Man streut die Saat nicht auf Asphaltboden, sondern in offene Furchen. Nur wo der Mensch empfänglich ist, wo er als Fragender, Suchender, Leidender kommt, hat es Sinn, ihm die Antworten, Lösungen und die Erlösung zu zeigen. Öfters heißt es im Evangelium von Jesus, dass er schwieg. Und zwar gerade dort, wo sie ihn zu religiösem Reden oder Tun förmlich herausforderten. Er wusste, dass keine Bereitschaft vorhanden war. Was soll er die Perlen der Gottesworte vor viehische Menschen werfen, die nur eine Sensation wollen oder ihm aus seinen eigenen Worten einen Strick zu drehen planen. Es gibt ein Schweigen, das beredter ist als Worte, und es gibt eine Verkündigung des Beispiels, eine Propaganda der Tat, eine Predigt des Lebens, die eindringlicher wirkt als geschriebene Sätze und gesprochene Worte. Diese Diskretion ist gerade für Menschen apostolischen Geistes wichtig. Sie müssen wissen, wann die rechte Stunde schlägt und wo das rechte Wort am rechten Platz ist. Das richtige Wort zur rechten Zeit zum rechten Menschen richtig gesprochen, ist eine Kunst und eine Gnade. Mit hemmungslosen Lautsprechern ist dem Christentum nicht gedient. Es entfaltet sich nicht durch Gebrüll, sondern durch das Wirken der Gnade, in dessen Dienst jedes gesprochene und geschriebene Wort stehen soll. Gerade dann, wenn dieses Wort aus der Gottverbundenheit fließt und mit dieser Feinfühligkeit und Anpassungsfähigkeit, wie die Bergpredigt sie fordert, gesprochen wird, hat es etwas Unwiderstehliches und etwas Unaufhaltsames, denn es ist reformierende Kraft, die das Antlitz der Erde verändert. Wenn es aber mit menschlichen Methoden menschlicher Propaganda auf sich selbst gestellt ist, erstirbt es im Lärm und geht unter in den Wirbeln des Allerweltsgeschwätzes und der Wortinflation unserer Tage.

Wahre Reform beginnt bei sich selbst und versucht, mit der unaufdringlichen Stille göttlicher Kraft zu anderen zu gehen, zu werben und zu wirken. Das ist der Geist, der nichts zu tun hat mit Mauerblümchenexistenz, ängstlicher Zurückhaltung, Menschenfurcht und scheuem Winkeldasein. Der aber auch nichts zu tun hat mit hemmungslosen Propagandamethoden, geistiger Vergewaltigung und religiösem Hurrageschrei. Es ist der Geist Christi, der in den Christen lebendig sein soll.

SUCHEN UND FINDEN

(Mt 7,7–12)

Bittet und es wird euch gegeben. Suchet und ihr werdet finden. Klopft an und es wird euch aufgetan. Denn jeder, der bittet, empfängt. Wer sucht, der findet. Und wer klopft, dem wird aufgetan. Oder wo ist unter euch ein Mensch, der seinem Sohn, der ihn um Brot bittet, einen Stein gibt? Oder der ihm eine Schlange gibt, wenn er um einen Fisch bittet? Wenn nun ihr, die ihr doch böse seid, euren Kindern gute Gaben zu geben wisst, wie viel mehr wird euer Vater in den Himmeln denen, die ihn bitten, Gutes geben! Alles nun, was ihr wollt, dass die Menschen euch tun, das tut ihnen. Denn darin bestehen das Gesetz und die Propheten.

Das Pochen auf eigene Leistungen steckt dem Menschen im Blut. Er will nichts, was ihm nur aus Gnade und Barmherzigkeit geschenkt wird. Nur was er selbst erarbeitet und erobert, verschafft ihm Genugtuung. Schon auf den ersten Seiten der Bibel wird als Ursünde des Menschen gebrandmarkt, dass er die Vollendung der Gottähnlichkeit und Ebenbildlichkeit nicht als Gnade aus der Hand Gottes entgegennehmen will, sondern selbst, durch eigenes Erkennen und Wollen, nach dieser verbotenen Frucht greift. In den alten Mythen der Völker kommt die gleiche Erkenntnis zum Ausdruck. Prometheus will selbst das Feuer vom Himmel holen. Und Sisyphus, der einen Felsblock mühsam den Berg hinaufwälzen muss, um am nächsten

Morgen, wenn der Block in die Tiefe gekollert ist, wieder vorne anzufangen, wird dadurch für seine Verachtung der Götter bestraft. Er soll die Sinnlosigkeit eines bloß menschlichen, auf sich selbst gestellten Tuns drastisch erkennen und erleben. Doch kann der Mensch von eben dieser Sinnlosigkeit nicht lassen. Immer wieder glaubt er, es sei ein Un-Sinn, den Sinn des menschlichen Lebens außerhalb der menschlichen Sphäre, also bei Gott und Gottes Willen, zu suchen. Und doch liegt dort der tiefste Sinn. Wer davon absieht, ist der Sinnlosigkeit ausgeliefert, auch wenn er sie hundertmal als sinnvoll erklärt. Trotzdem ist die Reduktion auf das bloß Menschliche heute fast eine Selbstverständlichkeit. Der *Selfmademan* zählt, der gerade darauf stolz ist, dass ihm nichts in den Schoß gefallen ist, sondern dass er alles selbst geschaffen hat. Die Selbsterlösung ist der Glaubensinhalt des modernen Evangeliums. Durch gelenkte Planwirtschaft soll das Paradies auf Erden geschaffen werden. Durch Ausbeutung wissenschaftlicher Forschungsergebnisse glaubt man, das Leben meistern zu können. Und politische Mächtegruppen versprechen den dauernden Weltfrieden und damit das goldene Zeitalter. Religion wird in diesem irdischen Paradies möglich sein, aber nur als private Angelegenheit derjenigen, die danach ein Bedürfnis haben, oder allenfalls noch als eine Art Feierlichkeitsnimbus um das Haupt der Humanität.

Die Bibel steht dem stracks zuwider. Letzter Sinn des Menschen und des Lebens ist die Zugehörigkeit zum Reich Gottes. Dieses aber steht wesentlich über dem Menschen, ist somit übermenschlich und übernatürlich. Der Arm des Menschen ist zu kurz für den Griff nach den Sternen. Sein Kahn ist zu leck für die Fahrt auf dieses Meer. Das Reich Gottes ist nicht vom Menschen geschaffen, sondern von Gott geschenkt, ist wesentlich Gabe und Gnade. Darum lautet auf die Frage nach dem Weg zum Reich Gottes die erste Antwort: »Bittet und es wird euch gegeben werden. Suchet und ihr werdet finden. Klopfet an und es wird euch aufgetan werden« (Mt 7,7).

Der Mensch der Bergpredigt ist wesentlich ein betender Mensch. Das Vorweisen eines Rechtstitels, das Geltendmachen eigener Leistung ist als Pharisäismus wesentlich unchristlich. Der Appell an die Gnade, die Bitte um Gehör und Gewährung ist die christliche Haltung dessen, der vor der Schwelle des Gottesreiches steht. Die Portale dieses Reiches sind verschlossen und der Schlüssel liegt nicht in der Hand des Menschen. Weder die Schlauheit seiner Diplomatie noch die Anstrengungen seiner forschenden Intelligenz, noch die Aufbietung aller Machtmittel seiner persönlichen Energie, seiner Massenorganisationen, seiner Armeen, seiner Staatsgesetze und politischen Pläne sind imstande, diese Tür zu sprengen und den Einlass zu erzwingen. Jedem Willen zur Macht steht der Cherub mit dem Flammenschwert entgegen. Es gibt nur einen Weg zum Einlass: die Bitte, das Gebet.

Ist das für den Menschen demütigend? Im Gegenteil! Das Gebet ist die Erhebung des Geistes zu Gott, also die Loslösung von der Erdenschwere, der Blick aufs Höchste, das Herausholen aus dem Mauseloch, der Verzicht auf Krähwinkel. Das Gebet ist das Hinauswachsen des Menschen über sich selbst, der Durchbruch durch eigene Enge, das Atemholen in der Unendlichkeit Gottes, die Bindung an den Allerhöchsten. Das Gebet ist die Überwindung des sinnlosen Marschierens an Ort und Stelle, des Klebens an der Scholle und des Fixiertseins im eigenen Ich. Denn das Gebet führt in die Nachfolge Christi und damit ins Vorwärtsschreiten zu immer neuen Zielen, ins Aufsteigen zu immer neuen Gipfeln. Der nicht betende Mensch bleibt im Gehäuse seiner naturhaften Bindungen, auch wenn er alle Stäbe seines geschöpflichen Gitters vergoldet und hinter den Mauern seiner Befangenheit und Gefangenheit die schönsten Gärten anlegt. Dem betenden Menschen lösen sich alle Fesseln. Er springt über alle Mauern in die Freiheit Gottes. Nie ist der Mensch kleiner, als wenn er sich ohne Gott groß wähnt, und nie ist er größer, als wenn er sich vor Gott seiner Kleinheit bewusst wird. Gebet ist die Unzufriedenheit mit dem Jetzt und dem Hier und dem Bisherigen und das Suchen nach dem Kommenden, dem Anderen und dem Neuen. Darum nennt die Bergpredigt den betenden Menschen einen Sucher. Er kann sich nicht damit begnügen, seinen eigenen Nabel zu betrachten, sondern er blickt in die Unendlichkeit Gottes. Und der betende Mensch pocht ungestüm an die Tore Gottes, denn er weiß, dass dahinter das Reich des Lichts zu finden ist, das Reich der Wahrheit, der Schönheit und der Liebe. Wer nichts von der Leidenschaftlichkeit dieses Pochens an die Tore Gottes spürt, ist ein Selbstzufriedener, Allzugenügsamer und Selbstgerechter. Er hat den Ruf zur Größe nicht gehört. In seiner Seele brennen keine Feuer. Der betende Mensch hat die Unruhe zu Gott hin. Er weiß sich zu Ewigem geboren. Darum füllt alle Zeit ihn nicht aus. Er kann an den Grenzen der Erde nicht haltmachen, denn er weiß vom Reich Gottes, das weder Grenzen noch Enden kennt.

Dieses Beten, Suchen und Pochen hat aber in der christlichen Haltung ein eigenes Gepräge. Es gibt ja auch ein Rufen ins Leere, ein ergebnisloses Suchen und ein Pochen ohne Antwort. Das Suchen ist nun aber, trotz Lessing, nicht beseligender als das Finden. Der Mensch wird müde zu rufen, wenn keine Antwort kommt. Und wenn bei allem Pochen die Tür sich nicht öffnet, wird der Mensch in müder Resignation weglaufen oder in ohnmächtiger Wut aufbegehren. Schließlich ist dann aller Anstrengungen letztes Ergebnis die Verzweiflung. Gerade das ist aber im Leben eines wirklichen Christen unmöglich. Denn sein Beten, Suchen und Pochen gilt Gott. Gott ist aber, seitdem Christus, sein eingeborener Sohn, von ihm gesprochen hat, keine jener menschlich, allzu menschlichen

Figuren des alten Olymp, nicht mehr ein fließendes Etwas, zu dem man kein persönliches Verhältnis haben kann, nicht mehr der unheimliche, schreckhafte Gott in Sturm und Gewitter, oder der rächende Richter, vor dem keiner bestehen kann, sondern er hat durch die Botschaft Christi für uns den Namen Vater. Darum gilt das *argumentum a minore ad maius,* das Christus in der Bergpredigt anwendet, der Analogieschluss von der menschlichen Vaterschaft auf die göttliche. Im Menschen lauert etwas Bösartiges. Er kann Egoist sein und darum hart und lieblos. Er kann schlecht gelaunt sein und darum unzugänglich und abweisend. Er kann rachsüchtig und gehässig sein und darum niederreißen statt aufzubauen. Er kann schaden statt zu helfen, hassen statt zu lieben. Und doch hat die Bösartigkeit des Menschen normalerweise ihre Grenzen. Vor allem dort, wo das Kind zum Vater oder zur Mutter kommt, bittend, fragend, suchend. Da schmilzt das Eis, lockern sich die Krusten und öffnen sich die Hände. »Wer von euch wird seinem Sohne einen Stein geben. wenn dieser ihn um ein Brot bittet? Wer wird ihm eine Schlange geben, wenn er um ein Fischlein bittet? Wenn nun ihr, die ihr bösartig seid, euren Kindern Gutes zu geben wisst, wie viel mehr euer Vater im Himmel! ...« Gott ist weder launisch noch selbstsüchtig noch bösartig. Sein Wesen ist die Liebe. Sein Wille ist wesentlich gut. Und darum ist sein Tun und sein Geben Gutes tun und Gutes geben. Steine statt Brot, Schlangen statt Fische ist bei einem menschlichen Vater undenkbar, wenn er nicht zur Perversität degeneriert ist. Umso mehr ist stumpfe Gleichgültigkeit oder gar bösartige Rachsucht und unmenschliche Härte bei Gott dem Vater etwas schlechterdings Undenkbares. Darum ist das Beten des Christen etwas aus dem Glauben heraus Ruhiges, Geborgenes und Gesichertes. »Bittet und es wird euch gegeben. Suchet und ihr werdet finden. Klopfet an und es wird euch aufgetan.« Ja, diese Behauptung wird durch Christus noch erweitert und verallgemeinert: »Denn jeder, der bittet, empfängt.« Das Beten des Christen ist kein Motor, der heiß läuft, kein Aufschäumen, dessen Wasser still und rasch wieder abfließen, keine stürmische Dynamik, die ermüdet, kein wildes Rütteln, das in Verzweiflung umschlägt. Sondern es hat jene eigenartige Glut, die lodert ohne zu verbrennen, wie der Dornbusch der Bibel. Wer Gott sucht, besitzt ihn schon. Denn er bittet, fragt und sucht aus dem inneren Drängen der Liebe und weil er den lockenden Ruf der Liebe gehört hat. So ist schon Bitten, Suchen und Klopfen jenes eigenartige Hin und Her, jenes Finden und doch Weitersuchen, jenes Haben und doch Hungern, das dem Christenleben eigen ist und das nur der betende Mensch kennt, der Gott besitzt und doch immer wieder nach ihm Ausschau hält, durch jede Antwort Gottes sich zu neuem Fragen gedrängt fühlt und durch jeden Schritt im Reich Gottes zu immer weiterem und rascherem Ausschreiten getrieben wird. Es ist das Sein auf dem Weg zu Gott und doch schon mit Gott. Das Schauen des Antlitzes Christi, aber durch die Schleier des Mysteriums und des Blutes. Der Vorraum dieses Zeitlichen gehört schon zum Tempel. Wir sind schon im Reich Gottes, das wir doch suchen. Erst wenn die Lichter der Ewigkeit aufflammen, wird sichtbar werden, »was wir schon sind«, und wird der verborgene Gott sichtbar werden, weil die endgültige *re-velatio* das letzte Velum wegzieht.

Das ist die eigenartige Haltung christlichen Betens: Ruhelosigkeit und doch in der Ruhe des Glaubens, Fragen und doch schon voller Ahnungen, Drängen und doch schon in der Umarmung, Pochen an schon geöffneter Tür.

Das Gebet ist das große Geheimnis des Christen. Und dieses Geheimnis ist gerade das, was ihn heimführt.

GEFÄHRLICH LEBEN

(Mt 7,13–20)

Tretet ein durch die enge Pforte! Denn breit ist das Tor und bequem der Weg, der zum Verderben führt. Und viele beschreiten ihn. Schmal aber ist die Pforte und eng ist der Weg, der zum Leben führt. Und wenige sind es, die ihn finden. Hütet euch vor den falschen Propheten, die in Schafskleidern zu euch kommen, innen aber reißende Wölfe sind! An ihren Früchten werdet ihr sie erkennen. Sammelt man etwa Trauben von Dornen und Feigen von Disteln? So trägt jeder gute Baum gute Früchte. Ein kranker Baum aber trägt schlechte Früchte. Ein guter Baum kann keine schlechten Früchte tragen und ein kranker Baum kann keine guten Früchte tragen. Jeder Baum, der keine guten Früchte trägt, wird umgehauen und ins Feuer geworfen. So könnt ihr sie also an ihren Früchten erkennen.

Es wäre ein trauriges Missverständnis, wollte man das Wort Christi von der Geborgenheit in der Liebe des himmlischen Vaters spießerisch deuten, als ob das Christentum ruhige Gemütlichkeit, gefahrlose Harmlosigkeit und Harmonium spielende Sentimentalität braver Bürger wäre. Das Kartenhaus einer solchen Illusion wird vom Tisch der Gartenlaube mit dem einzigen unmittelbar anschließenden Satz Christi hinweggefegt: »Eng ist die Pforte und schmal ist der Weg, der zum Leben führt, und nur wenige finden ihn.« Das Leben eines

Christen ist hineingestellt zwischen Himmel und Hölle, Gott und Teufel, Leben und Tod. Und für diese letzte Entscheidung über des Lebens Sinn oder Unsinn ist nur eine kleine Zeitspanne angesetzt. Es geht um das Sein oder Nichtsein vor Gott, und zwar für eine Ewigkeit. Und dabei ist der Mensch noch von allen Seiten bedroht. Von innen und von außen.

Innere Gefahr droht ihm durch die eigene Bequemlichkeit. Es ist soviel leichter, auf der mit lauter Annehmlichkeiten asphaltierten Autostraße eines süßen Nichtstuns sich in den Polstern der Bequemlichkeit abwärtsfahren zu lassen, als schwitzend und keuchend den steilen und steinigen Gebirgspfad zu erklimmen. Ein innerer Feind ist die Sinnlichkeit. Sie liebt die Sümpfe der Ebene mehr als die Felsen der Berge. Der Höhenweg der Zucht und Entsagung liegt ihr nicht. Das Neinsagen zum sinnlichen Begehren ist ihr fremd. Und doch kommt der Mensch ohne diese harte Zucht nicht über die Geröllhalden, die vereisten Couloirs und über die zackigen Grate der moralischen Gebirgswelt. Eine innere Gefahr ist der Stolz. Der Mensch betritt das Reich Gottes nicht gern durch das enge Pförtlein des Dienstboteneingangs. Er schreitet lieber erhobenen Hauptes, bestaunt und bewundert und fotografiert, durch das breite Portal irdischer Ehre und Anerkennung. Ein innerer Feind ist die Menschenfurcht, die Charakterlosigkeit. Es ist wesentlich leichter, in der großen Masse zu verschwinden, zu denken, zu reden und zu leben wie die anderen, sich der jeweiligen Mode anzupassen, das Echo der Zeitung zu bilden und sich dem Diktat der Werbung zu fügen, mit einem Wort als Massenmensch zu leben und uniformiert in Reih und Glied zu stehen, als einsam andere Wege zu gehen, zu einer verachteten und verleumdeten Minderheit zu gehören, unangenehm aufzufallen, störend zu wirken, in der Gesellschaft ein Fremdkörper zu sein, als Reaktionär zu gelten, als Fanatiker verschrien zu werden und alle Wasser an sich aufspritzen zu lassen, wenn man gegen den Strom schwimmt. Kein Wunder, dass Christus vom Weg des Verderbens sagt: »Viele betreten ihn«, und dem Weg zum Leben das ernste Wort beigibt: »Nur wenige finden ihn.« Wer will schon zu den wenigen Sonderlingen gehören! Nein, das Christenleben ist kein Hängemattendasein und keine Sache, die unauffällig nebenbei erledigt werden kann, sodass kein Mensch es bemerkt. Das Christenleben führt an den Abgründen der menschlichen Seele vorüber. Wer auf diese Gefahren nicht achtet, wird mit dem Absturz enden.

Dazu kommen die Gefahren von außen. Es ist die bewusste Irreführung und Verführung durch falsche Propheten. Christus kennzeichnet sie mit dem drastischen, sich unvergesslich dem Gedächtnis einprägenden Bild: reißende Wölfe in Schafspelzen.

Immer wieder tauchen auf der Straße der Menschheit Führer auf, die in Wirklichkeit Verführer sind. Solange sie ihr Wesen sichtbar zur Schau tragen, ist die Gefahr nicht groß. Sobald sie aber die Maske der Harmlosigkeit tragen oder gar beim Christentum Anleihen machen, um ihr eigenes Gewand schöner zu färben und ihre Programme zu idealisieren, werden sie gefährlich. Es fehlt heute nicht an derartigen Propheten.

Der Kommunismus hat scheinbar alles abgestreift, was einen schreckhaften Eindruck machte. Er hat die Internationale aufgelöst und gebärdet sich durchaus nationalistisch, sodass er in jedem Land sich als guter Patriot einbürgern kann. Den brutalen Materialismus verbirgt er unter allen möglichen Kulturprogrammen. Die Vermassung im Kollektiv wird zurückgestellt hinter dem Kult von Persönlichkeiten, und anstelle der Gottlosenbewegung ist der Bund mit der russischen Orthodoxie getreten. Er kann auch den Eindruck des Christlichen erwecken. Denn er redet von der Gerechtigkeit, der er zum Sieg verhelfen will, von der Liebe zu den Entrechteten. Er verspricht das Paradies und redet von der Brüderlichkeit unter den Menschen. Und doch wird er Tieferblickende nicht täuschen können, denn man weiß, dass das alles nur eine veränderte Taktik ist, durch die das alte gleiche Ziel verfolgt wird. Man weiß, wo die Wölfe zu Hause sind, auch wenn scheinbar weiche Wolle feilgeboten wird.

Der Nihilismus ist ein Pseudoprophet, gleichgültig, ob er Liktorenbündel oder Hakenkreuze oder andere Symbole benutzt. Er appelliert scheinbar an das Große im Menschen, an Heldentum, Einsatz, Hingabe, verachtet die schwächliche Lohnmoral, gebärdet sich messianisch mit seinen Reichsverheißungen und seinem Führerkult. Er fordert Opfer und verheißt den Aufstieg der Menschheit. Und doch ist die Grundlage seiner Metaphysik das Sein zum Tode, der Inhalt seiner Ethik eine letzte Sinnlosigkeit und sein Ergebnis das graue Nichts.

Pseudopropheten sind auch die Verkünder einer unchristlichen Humanität. Auch sie verwenden ein christliches Vokabular, verheißen den Frieden, reden von der Liebe, stellen ein Erlösungsprogramm auf und wollen den guten Menschen schaffen. Aber sie betrachten den Blick auf ein Jenseits als Flucht, einen persönlichen Gott als überwundenen Standpunkt, die Gnade als überflüssig. Es ist letztlich Kult des Menschen, Selbsterlösung anstelle des Kreuzes und Bau des Humanitätstempels anstelle der Kirche Christi.

Ein Pseudoprophet ist auch das Sektierertum und die vielen verschiedenartigen, religiös verbrämten Weltanschauungen, Kulte usw. Es ist alles nicht von oben, von Gott gegeben, sondern von Menschen gemacht und darum letztlich aus Willkür geschaffen, Konzessionen an den Subjektivismus, an den Hang zum Mystischen, an das Gefühlsmäßige im Religiösen. Es ist nicht Bindung an eine gottgegebene objektive Ordnung. Es ist nicht schlichtes, demütiges Jasagen zum klaren Wort Gottes und ist nicht Einordnung in die eine, von Christus gestiftete

Weltkirche. Jeder will sich seine eigene geistige oder ungeistige Kapelle bauen und sich seine eigene Liturgie schaffen, die dann im Tiefsten nicht mehr Gottesdienst, sondern Menschendienst ist. In hellen Scharen laufen sie heute den Sektierern nach. Pseudomystik steht in Maienblüte.

So ist also das christliche Leben nichts weniger als eine harmlose Angelegenheit. Wegweiser mit falscher Aufschrift stehen an den Straßenkreuzungen. Karten mit falschen Routen werden uns in die Hand gedrückt. Lautsprecher kommandieren uns in eine falsche Richtung. Wenn wir uns dem Zug der öffentlichen Meinung anvertrauen, sind meistens die Weichen falsch gestellt. Und wenn wir im Wagen der jeweils herrschenden Modephilosophie fahren wollen, sitzt bestimmt ein Pseudoprophet am Steuer. Wer als Christ unbeirrt seinen Weg gehen will, den steilen Weg, der zur schmalen Pforte des Lebens führt, der muss ein helles Gehör für die Stimme seines Gewissens haben und muss in Zweifelsfällen und Unklarheit sich in schlichtem Gehorsam an die Weisungen der Kirche halten, welcher Christus gesagt hat: »Ich bin bei euch alle Tage bis zum Ende der Zeiten.« Und: »Wer euch hört, der hört mich.« Christus sagt: »An den Früchten werdet ihr sie erkennen.« Eine falsche Lehre wird auf die Dauer ein falsches Leben zur Folge haben. Und so kann man aus der verkehrten Lebenswirkung die Verkehrtheit der ihr zugrunde liegenden Doktrin erkennen. Das sollte heute wahrhaftig nicht schwierig sein. Denn die Wirkung einer von Gott und Christus losgelösten Lebensphilosophie liegt sichtbar genug zutage. Die zerstörten Städte Europas, die Berge von Leichen, die grauenhafte Entmenschlichung sadistischer Foltermethoden zeigen heute auch einem Blinden, dass die Menschheit Irrwege gegangen ist und sich von Lügenpropheten hat narren lassen. Der Schafspelz ist verschwunden. Das reißende Tier ist sichtbar geworden. Aber schon beginnt es da und dort, sich wieder zu tarnen und die alte, immer wieder bewährte Maske der Harmlosigkeit und des Scheinchristentums des Lammes aufzusetzen. Wir sollten gewarnt sein. Trotzdem ist zu fürchten, dass Tausende und Abertausende auch neuen Verführern nachlaufen werden. Denn die Dummen werden nie alle. Und es macht immer einen aufgeklärteren und moderneren Eindruck, wenn man auf neue Stimmen hört, als auf die alte Stimme des Evangeliums. Und doch ist es die Stimme Gottes.

CHRISTENTUM DER TAT

(Mt 7,21–27)

Nicht jeder, der zu mir sagt: Herr, Herr!, wird ins Reich der Himmel eingehen, sondern wer den Willen meines Vaters im Himmel tut. Viele werden an jenem Tag zu mir sagen: Herr, Herr, haben wir nicht in deinem Namen als Propheten geredet und in deinem Namen Teufel ausgetrieben und in deinem Namen viele gewaltige Dinge gewirkt? Dann werde ich ihnen erklären: Ich habe euch nie gekannt. Weichet von mir, die ihr tut, was gegen das Gesetz ist! Jeder, der diese meine Worte hört und danach handelt, gleicht einem vernünftigen Mann, der sein Haus auf den Felsen gebaut hat. Es fiel der Regen und es kamen Wasserströme und es brausten die Stürme und fielen über das Haus her. Aber es stürzte nicht ein. Denn es war auf den Felsen gebaut. Und jeder, der diese meine Worte hört und nicht danach handelt, gleicht einem törichten Mann, der sein Haus auf den Sand gebaut hat. Es fiel der Regen, es kamen Wasserströme und es brausten die Stürme und fielen über das Haus her. Und es stürzte ein. Und sein Sturz war groß.

Es fehlt uns nicht an schönen Theorien, an ausgeklügelten Systemen, an tönenden Programmen, an zügigen Parolen. Aber die Menschen glauben nicht mehr daran. Diese Botschaften sind zu billig und zu papieren. Sie verraten den grünen Tisch und man spürt, dass sie morgen schon veraltet sind. Man fordert den Echtheitsbeweis durch den Prüfstein der Tat. Man will Lebendiges, das aus dem Leben strömt und Leben schafft.

Die Bergpredigt gipfelt in der unausweichlichen Forderung der Tat. »Nicht jeder, der zu mir sagt: Herr, Herr, wird ins Himmelreich eingehen, sondern wer den Willen meines Vaters im Himmel tut.« Mit dem Tatchristentum meinen wir nicht eine Pragmatik, für welche nur die praktische Brauchbarkeit fürs irdische Leben, der Erfolg und die Leistung maßgebend sind. Wir meinen auch nicht die Dynamik eines bloß äußerlichen Aktivismus mit stampfenden Maschinen, mächtigen Organisationen, marschierenden Bataillonen der Massen, mit Rekordstatistiken und eindrucksvollen Institutionen, sondern wir meinen das schlichte Handeln nach dem Willen Gottes im täglichen Leben.

Das Christentum ist wesentlich Tat. Denn es ist nicht in erster Linie eine Botschaft, sondern ein Geschehen, nämlich das Geschehen der Menschwerdung Gottes. Und der menschgewordene Sohn Gottes hat die Welt nicht durch seine Reden erlöst, auch nicht durch seine Wunderwerke, sondern durch das schlichte, im blutigen Tod bewährte Jawort zum Willen des Vaters im Himmel, durch die Tat des Kreuzes. So ist auch das Tatchristentum, das die Bergpredigt fordert, nicht das Aufzeigen erstaunlicher Werke, außerordentlicher Leistungen, imponierender Errungenschaften, sondern das schlichte Jawort eines christlichen Lebens.

»Viele werden an jenem Tage zu mir sagen: Herr, Herr, haben wir nicht in deinem Namen geweissagt?« Das Reden und Predigen, und wäre es auch im Namen Gottes, das Verkünden großer und tiefer Weisheit, und wäre es auch Offenbarung Gottes, genügt an sich noch nicht. Glänzende Beredsamkeit, machtvolles Kanzelwort, geistvolle Schriftstellerei, sprühender Journalismus, das Verfassen tiefgründiger Werke über theologische und philosophische Probleme entscheiden nicht am entscheidenden Tag, an welchem Gott über Wert und Unwert unseres Lebens entscheidet. Die Tat ist wichtiger als all das.

»Viele werden an jenem Tag zu mir sagen: Haben wir nicht in deinem Namen böse Geister ausgetrieben?« Wer in der Erziehung der Jugend, in vollendeter Pädagogik, in lebenslanger Schularbeit verkehrte Geister aus der jungen Generation vertrieben hat, kann gewiss mit einer positiven Bilanz abschließen. Wer durch Seelsorge oder Fürsorge, durch Volkserziehung und Gestaltung des öffentlichen Lebens, durch Ausgleich der sozialen Gegensätze Ungeist oder Irrgeist im Volk bekämpft, zählt gewiss zu den wertvollen Kräften der Menschheit. Wer im politischen Leben in zäher Aufbauarbeit mitgeholfen hat, die Dämonen der Revolution, der satten Selbstsucht, des Chaos, des platten Materialismus, des übersteigerten Größenwahns oder des aushöhlenden Nihilismus zu bekämpfen, hat gewiss sein Leben einer guten Sache geweiht. Und doch geben all diese Leistungen nicht den letzten Ausschlag, sondern die Gestaltung des eigenen, persönlichen Lebens durch das innere Eingehen des Gewissens auf den Willen Gottes.

»Viele werden an jenem Tag zu mir sagen: Herr, Herr, haben wir nicht in deinem Namen Wunder gewirkt?« Wer die erstaunlichsten Erfolge registrieren kann, mit seinem Einsatz den Rahmen des Gewöhnlichen sprengt, durch wunderbare Leistungen die Verwunderung der Massen und die Bewunderung der Denkenden weckt, wer in seinem religiösen Leben wunderbare Gebetsgnaden aufzuweisen hat, außerordentliche Erscheinungen, Visionen, Ekstasen, Stigmata, wer Wunderwerke des Heroismus vorzeigen kann, erweckt doch wohl mit Recht den Eindruck besonderer Gottverbundenheit. Und doch entscheidet auch das nicht. Denn unter all diesen Gruppen gibt es Menschen, denen Christus das wirklich erstaunliche Wort sagt: »Ich habe euch nie gekannt. Hinweg von mir, ihr

Übeltäter!« Und nur die finden vor ihm Gnade, die den Willen des Vaters im Himmel tun. Die Formulierung Christi klingt unglaublich, fast Ärgernis erregend. Und doch steht es wörtlich so in der Bergpredigt. Schärfer könnte man die Bedeutung der schlichten, gelebten Tat eines tätigen christlichen Lebens nicht herausmeißeln. Es ist die Seligpreisung der Stillen im Lande, die nicht viel von sich reden machen, sondern ganz einfach nach dem Willen Gottes fragen und danach handeln. Es ist zugleich aber auch Seligpreisung derer, die dieser Wille Gottes in die Öffentlichkeit ruft und die auch dazu ihr Jawort geben, ihre stille Zurückgezogenheit opfern und sich exponieren, sich weder durch Drohungen einer tyrannischen Macht noch durch Einschüchterungen Andersdenkender imponieren lassen, auch wenn sie alle Pfeile der Kritik auf sich lenken wie Sebastian. Es ist Seligpreisung derer, die in ihrem Leben ohne Menschenfurcht und unbekümmert um allen Widerstand, allen Hass und alle Feindschaft das Zeugnis eines Tatchristentums ablegen, auch wenn sie schließlich dem Steinhagel hasserfüllter Gegner erliegen und so noch das Zeugnis des Blutes geben müssen wie Stephanus. Es ist Seligpreisung derer, die sich für die Entrechteten und Vergewaltigten einsetzen, für Minderheiten kämpfen, in Verfolgungszeiten für die Kirche eintreten und überall dem Recht und der Gerechtigkeit eine Bahn brechen wollen, auch wenn sie alle Lanzen kapitalistischer oder kommunistischer Angreifer auf ihre Brust ziehen wie Winkelried. Entscheidend ist immer, dass der Mensch nach dem Willen Gottes fragt und dann nach dem erkannten Willen Gottes handelt, gleichgültig, was dieser Gotteswille von ihm fordert. Gleichgültig, auf welchen Weg dieser Gotteswille ihn führt, und wäre es auch der Weg nach Golgotha. Dieses Tatchristentum ist die Forderung der Bergpredigt. Es muss sich auswirken in der persönlichen täglichen Lebensgestaltung, im Aufbau eines christlichen Ehe- und Familienlebens auch in unchristlicher Umgebung und Atmosphäre, im Einsatz für christliche Grundsätze im Geschäftsleben, in sozialen Auseinandersetzungen, in politischen Kämpfen. Der frömmste Beter, der größte Asket, der gescheiteste Theologe hat sein Leben verfehlt, wenn sein Gebet, seine Aszese, seine Theologie nicht ein Jawort zum Willen Gottes ist. Es mag einer die stolzesten Lebenstürme bauen, die kühnsten Lebensburgen errichten, die imposantesten Fassaden hinstellen: Es ist alles auf Sand gebaut und stürzt im Sturm des Gottesgerichts krachend zusammen, wenn es nicht die Ausführung des göttlichen Willens war. Und umgekehrt: Es mag einer im Leben lauter Misserfolge aufzuweisen haben, nach menschlichem Urteil eine armselige Lebenshütte gezimmert haben, in den Augen Gottes hat er einen Bau aufgerichtet, der jedem Sturm, auch dem Sturm des Gottesgerichts standhält. Denn wenn sein Leben ein Jawort zum Willen Gottes war, hat er auf Fels gebaut.

Es genügt also nicht die Tat als solche, und mag sie auch den letzten Einsatz, die äußerste Energie und gewaltigste Anstrengung enthalten. War es nicht die Verwirklichung göttlichen Willens, so war es ein stürmisches Laufen ins Leere. Es genügt aber auch nicht die Kenntnis des göttlichen Willens und der göttlichen Worte und mag diese Kenntnis auch mit wissenschaftlicher Akribie vorgenommen, in theologischer Lebensarbeit ausgebaut sein, es zählt nicht vor Gott, wenn der Erkenntnis nicht die Tat folgt. Beides gehört zusammen und nur in der Verbindung von beiden liegt wertvolles Leben, nämlich die Erkenntnis des Wortes und Willens Gottes einerseits und die danach gestaltete Tat des praktischen christlichen Lebens andererseits. Zweimal betont das Christus: »Wer diese meine Worte hört und danach handelt ...« Tatchristentum ist gelebtes Wort Gottes. Das allein gibt dem Leben vor Gott Sinn und Gewicht. Das gelebte Wort Gottes hat auch auf Dauer allein mitreißende Kraft, ist überzeugende Apologetik, ist erobernde

Predigt, ist jenes Licht der Welt und Salz der Erde, das Christus in der gleichen Bergpredigt fordert.

Es liegt etwas unerhört Kühnes, Starkes, Gewaltiges in dieser Tatforderung, die den Abschluss der Bergpredigt bildet. Und gerade dieser Abschluss zeigt auch, wie sehr die Bergpredigt nicht weltferner, wirklichkeitsfremder Traum, nicht unerreichbares Ideal und nicht bloßes Programm für den engen Jüngerkreis besonders Erwählter sein darf. Es ist der Beweis, dass die Bergpredigt ein Lebensprogramm ist, nüchtern und hart in den Alltag gestellt. Umwandlung des menschlichen Tuns, Lebensreform nach Gottes Willen, verwirklicht durch die Gotteskraft der Gnade. Das Christentum ist nicht bloß Inhalt tiefsinniger Bücher, ist nicht bloß Erhebung des Herzens und Gemüts in stillem Gebet, ist nicht bloß Aufstrahlen der Herrlichkeit Gottes im Glanz der Liturgie, ist nicht bloß Gottesnähe gelegentlicher Stunden der Ergriffenheit und festlicher Tage, sondern das Christentum ist das Tun Christi an den Menschen und an der Menschheit. Und es ist das Tun der Christen und der Christenheit nach dem Wort und dem Willen Gottes.

DIE WIRKUNG

Die Wirkung der Bergpredigt wird im Evangelium selbst mit dem Satz formuliert: »Die Volksscharen waren von Staunen über seine Lehre hingerissen, denn er lehrte wie einer, der Macht hat, nicht wie ihre Gelehrten.« Das Staunen gilt der Form und dem Inhalt.

Was Jesus lehrt, ist nicht verstaubte Schulweisheit. Nicht pedantisches Kleben am Buchstaben oder juristisches Paragrafendreschen. Es ist nicht nebelhaftes Philosophieren über weltferne Probleme, geschraubte Systemkonstruktion, tastendes, suchendes Grübeln voll Fragezeichen kritischer Skepsis. Es ist auch nicht jenes naive, dreiste Behaupten ohne Kenntnis der Schwierigkeiten, das sich in modernen Büchern so häufig findet. Nicht selbstgefällige und selbstsichere Scheinweisheit, die durch keine Schranken des Wissens gehemmt wird. Es ist auch nicht vorläufiges Zur-Diskussion-Stellen, schrittweises Erarbeiten von Gewissheit durch vorsichtige Synthese und kritische Analyse. Nicht das Bekanntwerden von Ergebnissen jahrelanger Forschung. Sondern es ist etwas völlig anderes. »Er sprach nicht wie die Gelehrten, sondern wie einer, der Macht hat.« Er steht über den Dingen. Er spricht von einer ganz anderen Welt her in diese Welt hinein. Er spricht von Gott her. Sein Wort ist Offenbarung, ist Wort Gottes. Daher die Macht, die helle Klarheit, die selbstverständliche Sicherheit und das unerbittliche Fordern. In seiner Rede verbindet sich tiefste Weisheit des Inhaltes mit schlichtester Einfachheit der Darstellung. Kein Wunder, dass die Zuhörer staunten. Man kann sich diesem Staunen auch heute, nach fast 2000 Jahren, nicht entziehen, wenn man die Bergpredigt liest und sie mit anderer »religiöser Literatur« oder mit den Weisheitsbüchern anderer Religionen, ja selbst mit den prophetischen Schriften des Alten Bundes vergleicht. Die Bergpredigt hat einen völlig anderen Klang. Sie hat etwas Helles und Klares und greift doch viel höher und gräbt viel tiefer. Über dem Ganzen liegt eine stille Verklärung, der Glanz einer eigenen Schönheit, das stille Licht untrüglicher Wahrheit und die Kraft einer tiefen Güte. So hat in der ganzen Weltgeschichte nur einer gesprochen, nur Er, der menschgewordene Logos, das Wort schlechthin.

So ist das Staunen begreiflich. Aber es muss ein richtiges Staunen sein. Nicht das Staunen des Ästheten, der eine strahlende Landschaft bewundert, ergriffen vor dem Gemälde eines wirklichen Künstlers steht, hingerissen den Klängen einer Sinfonie lauscht, dem beschwingten Rhythmus eines Tanzes folgt, von der Schönheit echter Poesie erfasst wird oder in den steinernen Jubel einer Kathedrale versinkt. All das verpflichtet nicht. Es bleibt im Objektiven. Der Betrachter kann sich persönlich distanzieren. Kann im übrigen Leben ganz davon absehen. Er steht dem bewunderten Objekt als ein anderer gegenüber. Es bleibt die Distanz. Wer mit solcher Bewunderung vor der Bergpredigt steht, hat sie nicht verstanden, hat an ihrem drängenden, Entscheidung fordernden Schluss vom Hören und Befolgen vorbeigehört, hat sich der Macht, mit der der Herr spricht, nicht ergeben, hat die Bergpredigt vermenschlicht. Seine Bewunderung ist unfruchtbar.

Es darf auch nicht nur das Staunen vor neuen Erkenntnissen, ungeahnten Ausblicken sein. Gewiss gibt die Bergpredigt als Offenbarung auch neue Erkenntnisse über das Wesen Gottes, über die menschliche Gesinnung, über die Gnade, über das Gebet. Wer aber nur im Verstandesmäßigen, im Intellektuellen hängen bleibt, wer in ihr nur Theologie sucht, eine interessante Doktrin als Ansatzpunkt spekulativer Gedankengänge, wer von ihr nur theoretische Belehrung erwartet, ist an ihrem eigentlichen Wesen vorübergegangen. Die Bergpredigt will Umgestaltung des Lebens, nicht nur Bereicherung des Wissens.

Es darf auch nicht das Staunen des Volkes sein, das dann um sich greift, wenn ein Großer ihm Eindruck macht. Auch das war in der Bergpredigt spürbar: die persönliche Größe und Überlegenheit Jesu, die Macht, mit der er das Volk erobert, die moralische Größe und bezwingende Gewalt seines Wortes und seines Wesens. Aber das Hosanna eines solchen Staunens kann rasch ins *Crucifige* des Gegenteils umschlagen. Staunende Bewunderung dieser Art gräbt nicht in die Tiefe, hat keine Wurzel und keinen Bestand.

Auch das Staunen, mit dem die Philosophie beginnt, kann nicht genügen. Jenes plötzliche Wachwerden und Erkennen, dass man unbeachtet an Abgründen vorübergegangen, über dünnes Eis geschritten ist, das heilsame Unsicherwerden des Fragenmüssens, um bewusste und begründete Gewissheit zu erlangen. Jenes Staunen der Erkenntnis, dass hinter dieser Welt der Erscheinungen die eigentliche Welt des wirklich Seienden steht, hinter der Physik die Metaphysik, hinter allem Relativen das Absolute. Diese Art Staunen hat zwar auch in der Bergpredigt ihr Recht und ihre Berechtigung, denn es wird die Selbstsicherheit des Menschen und der Welt fragwürdig, weil sich eine neue Welt vor ihm öffnet: die Welt Gottes als des Vaters, vor der die irdische Welt verblasst, zweitrangig wird und doch zugleich einen neuen, ganz anderen Wert erhält. Aber auch das genügt nicht.

Das Staunen als Ergebnis der Bergpredigt ist das Staunen als Anfang der Religion und der Frömmigkeit, das Staunen nämlich darüber, was Gott in der Offenbarung von sich selbst sagt, über sein Verhältnis zu uns und unser Verhältnis zu ihm. Es ist das verwunderte, bewundernde, gedemütigte und begnadigte Aufschauen des Menschen zum lebendigen Gott, der Blick des Geschöpfes zum Schöpfer, des sündigen Menschen zum Gott der Gnade. Jenes Staunen, das im Jubel der Psalmen aufbricht und im Schluss des 11. Kapitels des Römerbriefes seinen ergreifenden Ausdruck findet, im »neuen Lied« der Apokalypse zum Lobpreis der Erwählung wird und im *Te Deum* die Antwort der Kirche auf die Frohbotschaft des Herrn geschaffen hat.

Solches Staunen bleibt nicht vor dem Objektiven stehen und bleibt nicht in der bloßen Erkenntnis stecken. Es ist nicht bloßes Fragen voll Verwunderung, sondern es erfasst den innersten Menschen, greift in sein Leben ein, liebt ihn über sich selbst hinaus, reißt ihn vor den lebendigen Gott, wirft ihn vor dessen unendlicher Majestät aufs Angesicht, hebt ihn in frei geschenkter Gnade empor und lässt ihn im Jawort lebendigen Glaubens und gläubiger Liebe in die Arme Gottes fallen. Solches Staunen bewirkt die Umwandlung des Menschen, die *Metanoia,* von der Christus spricht. Solches Staunen macht aus den Menschen Christen. Darum geht es.

Erst wenn dieses subjektive, durchaus persönliche, existenzielle Staunen als Ergebnis der Bergpredigt sichergestellt ist, kann man auch über die inhaltliche, objektive Größe der Bergpredigt staunen. Und da ist es vor allem ein Zweifaches, das die Bewunderung erregt, nämlich die Gotteswirklichkeit, die in der Bergpredigt aufgezeigt ist, und das Menschenbild, das dort gezeichnet wird.

Der Gott der Bergpredigt ist nicht ein abstrakter Begriff der Philosophie, der auf dem Weg schlussfolgernden Denkens erarbeitet wird, etwa die Spitze der platonischen Ideenpyramide, der erste unbewegte Beweger des Aristoteles oder ein bloßes Postulat der praktischen Vernunft. Es ist der lebendige Gott, das persönliche Du, das zum Menschen spricht und zu dem der Mensch beten kann und soll. Es ist der Vater im Himmel, der die Vögel nährt und die Lilien des Feldes kleidet, der mit sorgender Liebe über den Menschen wacht, der Sündern und Heiligen seinen befruchtenden Regen und seine warme

Sonne schenkt, der ins Verborgene sieht und die Menschen liebt. Und es ist doch zugleich jener Gott, dessen Reich man vor allem anderen suchen muss, der bedingungslos und ausnahmslos vor allem anderen kommt. Jener Gott, um dessentwillen man freudig bereit ist, Auge und Hand zu opfern, wenn es sein muss. Jener Gott, zu dem die enge Pforte und der schmale Weg führen. Gott, der auch das Verdammungsurteil fällen kann: »Hinweg von mir, ihr Übeltäter!« Also der gütige Gott der Gnade und der Liebe und doch zugleich mit der unendlichen Distanz des Herrn, mit dem nichts verglichen werden kann und der Entscheidung fordernd jeden Menschen aufruft. Der Gott des Alten Testamentes kennt auch die Liebe. Erschütternde Texte darüber finden sich bei den Propheten. Aber es ist doch mehr der Unheimliche und Unnahbare, der in Gewittern über die Erde fährt, den Köcher mit den Pfeilen seiner Blitze schüttelt, den Tod als Herold vor sich herschickt, der mit dem brüllenden Löwen, dem Feuer speienden Berg, dem scharfen, blitzenden Schwert und der fressenden Pest verglichen wird. Der Gott der Bergpredigt trägt einen wunderbaren Namen: Vater im Himmel. Sein Name ist heilig. Sein Reich kommt. Sein Wille wird sich erfüllen. Er gibt uns das tägliche Brot. Lässt uns die Sünden nach. Führt uns nicht in Versuchung und erlöst uns vor allem Übel, wenn wir ihn darum bitten. In Ehrfurcht steht der Mensch vor ihm, denn selbst der Himmel ist Gottes Thron und die Erde seiner Füße Schemel. Aber die Distanz wird überwunden durch die Liebe des Vaters, der den Menschen emporhebt und ihn birgt in seiner sorgenden Liebe. Wie viel lebendiger, größer und doch zugleich näher ist dieser Gottesbegriff als alles Gestammel frommer Seelen oder forschender Philosophen.

Erstaunlich ist auch das Menschenbild der Bergpredigt.

Das Bild, das der Mensch als Ideal vor sich hergehen lässt, wechselt immer wieder. Das Ideal der Antike war der schöne und gute Mensch. Aber seine Schönheit wurde schließlich nur noch körperlich gesehen, bis sie in der Hässlichkeit der Päderastie endete. Und von der zweifelhaften Güte dieses Menschen entwerfen die Tragödien der Griechen ein erschütterndes Bild, mit dem dumpfen Wissen um Schuld und Sühne, dunklen Zwang und düsteres Schicksal. Das Sehnen nach Erlösung zittert durch die Mysterienkulte der Griechen. Ganz anders war das Menschenbild Israels. Ihm war der Gerechte das Ideal, d. h. der Mensch, der durch treue Erfüllung des Gesetzes sich vor Gott als gerecht ausweist, um so in seinem Gericht bestehen zu können. Aber gerade diese Gerechtigkeit wurde schließlich zur Selbstgerechtigkeit und schlug dadurch um in Ungerechtigkeit vor Gott. Auch in späteren Jahrhunderten wechseln die Menschenbilder in bunter Fülle. Das Mittelalter verkündet den ritterlichen Menschen, der mit Schild und Schwert für Kirche und Reich kämpft, innerlich nach ritterlicher Gesinnung denkt und strebt. Aber auch dieses Bild verblasste und wurde schließlich zur Lächerlichkeit eines Don Quichotte zu einer Zeit, da das Rittertum den inneren Sinn verloren hatte. Es fand seine Fortsetzung im Ideal eines Edelmannes, des Gentilhomme an Manieren, Geist und Seele. Zum Adel des Blutes sollte sich der Adel des Geistes gesellen, um so eine Elite der Edlen zu bilden. Der Bürger als Bourgeois und Citoyen löste dieses Menschenbild ab. Er ist Vertreter demokratischen Denkens und freiheitlichen Wollens. Aber auch der Bourgeois hat seine Glanzzeit hinter sich und ist zum Kleinbürger und Spießbürger degeneriert. Das Idealbild des liberalen Humanismus hat sich ebenfalls als Täuschung erwiesen, denn es hat entweder zum Streben nach dem Übermenschen Nietzsches geführt oder hat der Brutalität des Untermenschen weichen müssen. Seine Basis war zu schmal, seine Fundamente zu schwach. Andere Typen sind der Selfmademan amerikanischer Prägung, der Gentleman englischer Herkunft, der klassenbewusste Proletarier des Marxismus, der soldatische Mensch als germanisches Ideal, der Soldat der Arbeit, wie ihn Ernst Jünger zeichnet, der Sportmensch als Ideal unserer Jugend. Die Kurve senkt sich bis hinunter zum Dandy und Gigolo. Sie fällt ab von der wackeren Hausfrau, wie das Buch der Weisheit sie zeichnet, über die Dame im Salon zur Filmdiva und zum Girl. Es ließen sich Bücher schreiben über die nationalen Unterschiede des Menschenbildes, über die berufliche Prägung des Menschen – man denke etwa an den Bauer, den Soldaten, den Mönch. All das ist dem Wechsel unterworfen. Es wandelt sich mit den Kulturen, den sozialen Umschichtungen, den wirtschaftlichen Veränderungen, der politischen Vormachtstellung, den geistigen Anschauungen, ja sogar der modischen Auffassung.

Wie ganz anders und unvergleichlich höher steht in ruhiger Sicherheit der Mensch der Bergpredigt. Sein Ideal überdauert die Jahrtausende und steht immer wieder in neuem Glanz vor der Menschheit.

Es ist der gottbezogene Mensch. Damit ist sein innerstes Wesen gezeichnet. Er weiß, dass er von Gott stammt und zu Gott hingeht, weiß, dass er in Gott gesichert und geborgen ist. Gott ist das Ideal, das vor ihm steht, denn er soll ja vollkommen sein wie der Vater im Himmel. Von Gott will er die Weite des Geistes, die Güte des Herzens und die Größe des Wollens lernen. Das Reich Gottes ist seine geistige Heimat, der Wille Gottes sein Gesetz, die Liebe Gottes sein Lohn. Aber er ist deswegen kein innerlich satter, passiver Mensch. Er ist verzehrt vom Hunger und Durst nach Gott. Er spürt in sich den Schmerz der Trauernden, die Gott noch nicht in der Fülle besitzen. Er weiß, dass das Reich Gottes noch nicht verwirklicht ist. Darum ist er betender und fastender Mensch. Wohl steht er mit beiden Füßen auf dem harten Boden dieser Wirklichkeit, aber ohne die ängstliche Sorge um irdischen Besitz, um

Nahrung und Kleidung. Denn was ist ihm das alles neben Gott, zu dem er durch die enge Pforte gehen will! Die Unruhe zu Gott hin gibt seinem Leben die innere Dynamik, seinem Geist die Spannkraft, seinem Herzen die Glut.

Er steht auch mitten unter den Menschen. Und sie machen es ihm nicht leicht. Sie verfolgen ihn, verleumden ihn, lästern ihn. Aber das ändert seine Haltung nicht. Er betet für die, die ihn verfolgen, tut Gutes denen, die ihn hassen. Wo er einer Not begegnet, hat er einen offenen Blick, ein barmherziges Helfen. Als Licht der Welt und Salz der Erde setzt er sich für den Frieden ein. Er will nicht den Splitter im Auge des Nächsten sehen. Er versöhnt sich mit seinem Bruder, bevor er zum Tempel des Herrn geht. Dem Drängenden gibt er Rock und Mantel. Seine Sanftmut hat nichts Weichliches, seine Demut nicht Bedrücktes, denn von Gott hat er innere Größe und innere Kraft. Er ist Transparent Gottes, Funke des göttlichen Feuermeeres, leises Echo der ewigen Donner.

Der Mensch, wie die Bergpredigt ihn zeichnet, ist im Grunde genommen nichts anderes als das Abbild Christi selbst. Christus ist der Mensch, der Menschensohn. Gottesbild und Menschenbild sind in ihm, dem Gottmenschen, in lebendiger Wirklichkeit verbunden und als Ideal vor die Menschheit hingestellt. Christus ist das Sichtbarwerden der Größe und der Liebe Gottes, das Sichtbarwerden auch des menschlichen Ideals, des gottverbundenen, die Menschen liebenden, durch Blut und Tod zum Vater hinschreitenden und den Menschen helfenden Christus. So leuchtet geheimnisvoll durch die ganze Bergpredigt wie durch einen feinen Schleier das Antlitz Christi. Er ist der lebendige Kommentar zur Bergpredigt. Zugleich ihr Verkünder und ihr Erfüller.

In dem Maße, wie wir die Bergpredigt erfüllen, sind wir Christen, weil wir Christus ähnlich werden.

Richard Gutzwiller

wurde am 26. Mai 1896 in Basel geboren. Nach dem Abitur trat er 1915 in die »Gesellschaft Jesu« ein. Er studierte Theologie und Philosophie und empfing 1926 in Innsbruck die Priesterweihe. 1928 begann Pater Gutzwiller seine 30-jährige Tätigkeit in Zürich als Studenten- und Akademikerseelsorger. Durch Predigten, Vorträge und zahlreiche Beiträge in Zeitungen und Zeitschriften – er initiierte und prägte die Wochenbeilage »Christliche Kultur« der *Neuen Zürcher Nachrichten* – vermittelte er dem Zürcher und Schweizer Katholizismus ein neues Selbstbewusstsein; seine Stellungnahmen waren meinungsbildend.

1952 wurde Pater Gutzwiller Direktor des Apologetischen Instituts des Schweizer Katholischen Volksvereins in Zürich und Honorarprofessor für bibeltheologische Fragen an der Universität Innsbruck. Seine Meditationen zu den Evangelien fanden große Verbreitung. Pater Richard Gutzwiller starb am 29. Mai 1958 in Zürich.